삶이라는 동물원

삶
이라는
동물원

하노 벡 지음 | 유영미 옮김

황소자리

차례

동물 재판을 한다고?

타로는 궁지에 몰렸다. 뉴저지 주가 그에게 사형판결을 내린 이래, 4년째 사형수로 수감 중이다. 지금까지 들어간 비용만 최소 10만 달러. 소송비용, 식비, 변호사비 등을 합친 금액이다. 그나마 전망은 나쁘지 않다. 뉴저지 주에서는 1963년 마지막 사형이 집행된 이래, 아직 한 건도 실제 사형이 이루어지지 않았기 때문이다. 마지막으로 처형당한 이는 랠프 허드슨으로, 여러 번 교도소를 전전했던 사람이었다. 마지막 복역 사유는 아내 폭행죄였는데, 재판부는 허드슨이 심각한 일을 저지르기에는 나약한 사람이라고 판단하여 얼마 뒤 그를 출소시켰다. 하지만 그것은 착각이었다. 출소 뒤 허드슨은 흉기를 마련해 아내가 일하는 주점을 찾아가 열다섯 사람이 보는 앞에서 그녀를 무참히 살해했던 것이다.

이후 사형만은 면하게 해주고자 했던 검찰의 딜deal을 받아들이지 않아 결국 처형되었다. 타로라면 기꺼이 받아들였을 텐데. 하지만 타로는 딜이 뭔지도 모른다. 다섯 살의 타로는 강아지다.

이런 형편에 처했던 동물이 타로만은 아니다. 법정에 출두해 사형판결을 받고 단두대로 나아갔던 동물들은 인류 역사상 한둘이 아니다. 비용을 많이 들여 동물을 고소하고 재판하고 구형하는 일은 중세에 아주 흔했다. 인간을 해치거나 죽인 동물들은 법정에 출두해야 했다. 교회는 쥐, 메뚜기, 유충까지 해로운 동물들을 고발했다. 대학 교육을 받은 법률가들이 소송을 제기했고, 대학교수들의 토론과 주교들의 승인을 거쳐 공식화되었다.

유아살해, 수확물 손상, 미사 방해 등 동물들은 여러 가지 이유로 고소당했고 거의 모든 동물이 법정에 섰다. 1386년 팔레즈에서는 돼지 한 마리가 인간의 옷을 입은 채 시청 근처에서 교수형을 당했다. 아이를 물어죽였기 때문이다. 이 사건은 벽화로 기록되었다. 1789년에는 발베이크에서 황소 한 마리가 사형판결을 받았고, 16세기 로잔 주민들은 이미 파문당한 메뚜기에 대한 처벌 수위를 높여야 한다며 종교재판을 요구하였다. 메뚜기들이 저지르는 악이 증가하고 있다는 것이었다.

중세 암흑기에나 있었던 기형적인 현상이라고? 천만에. 20세기로 가보자. 1916년 코끼리 메리는 테네시의 킹스포트에서 초보 사육사를 숨지게 했다는 이유로 철도 크레인을 이용해 교수형에 처해졌다. 메리와 마찬가지로 곡마단의 코끼리였던 톱시는 1903년에 특수 제작한 전기의자에 앉은 채 처형을 당했다. 이 의자는 세기적 천재였던 토마스 에디슨이 제작한 것이었다. 천재들이라고 모든 면에서 완벽한 건 아니다.

톱시는 자신을 학대했던 조련사 셋을 살해하며 연쇄살인범으로 고소당했다. 이에 비하면 타로의 범죄는 별 것도 아니었다. 타로는 인간의 다리를 물었다. 정말로 물려고 했다기보다는 이리저리 뛰어오르다가 엉겁결에 물었다는 것이 언론의 보도다. 하지만 다리를 물린 열 살짜리 여자아이가 하필 보안관의 조카였다는 데 문제가 있었다. 타로는 운이 없었다. 하지만 한편으로는 운이 좋았다. 뉴저지 주의 여성 주지사인 크리스틴 위트먼은 나중에 타로의 판결을 사형에서 추방형으로 변경시켰고, 사면된 타로는 뉴저지를 떠나야 했다. 혹시 석방된 타로가 또 다른 범죄를 저질러 선거 운동에 악용될까봐 그랬을 것이다.

박쥐로 산다는 걸 당신이 알아?

동물에 대한 소송은 동물에 대해서가 아니라, 그 소송을 제기한 인간에 대해 말해준다. 동물 재판의 역사는 오해의 역사이자 인간의 교만을 보여주는 역사다. 이 책을 읽어나가면서 오해가 없도록

이 부분을 짚고 넘어가야 할 것이다. 오늘날 우리는 예전에 있었던 이 같은 동물 재판 이야기를 들으며 어처구니 없어 고개를 설레설레 젓는다. 그러나 지금 우리의 형편도 이로부터 그리 멀지 않다는 사실을 아는가! 우리는 동물에게 인간적 면모를 부여하려는 경향이 있다. 동물들에게서 인간적 특성을 보고 동물들을 인간처럼 다루려 한다. 애완동물을 키우는 사람들을 보라. 자신이 키우는 애완동물을 어엿한 가족의 일원으로 생각하지 않던가? 종종 동물이 주인을 닮았다며, 어떤 점이 닮았는지 열을 올려 이야기하지 않는가? 우리는 여우처럼 영리하며, 당나귀처럼 미련하다. 우리는 강아지를 서핑보드에 태우며, 애완동물들에게 인간의 옷을 입히고, 동물과 인간의 우정을 그린 영화나 동물이 주인공으로 나오는 카툰을 본다. 그런 카툰 속에서 동물들은 탐정으로 활동하거나 생명을 구하거나 처세술에 능하거나 문화적 아이콘으로 자리매김한다. 마도로스 복장(그러나 바지는 안 입은)을 한 동물들, 당신과 나처럼 꿀통에 사족을 못 쓰는 동물들, 피아노를 치고 자동차를 운전하고 세계를 구하는 동물들…. 동물을 인간으로 만든 지 이미 오래다.

심리학은 이런 경우를 투사投射라 부른다. 우리는 우리의 모습을, 그것이 자신이라고 믿고 있는 모습을, 스스로 되고자 하는 모습들을 동물에게 투사한다. 우리의 감정세계와 체험세계를 동물에게 옮겨놓는다. 가령 박쥐로 지내는 게 어떤 건지 상상할 수 없기 때문이다. 우리는 생각 속에서 동물을 인간으로 만든다. 인간으로 사는 게 어떤 건지는 아는데, 동물로 사는 게 어떤 건지는 알지 못하기 때문이다.

이런 투사는 동물보다는 우리에 대해 더 많은 것을 이야기해준다. 동물들은 과연 얼마나 인간적일까? 우리가 많은 동물에게서 인간적인 모습을 보는 것은 인간이 그렇게 멋지거나 동물이 그렇게 똑똑해서가 아니다. 다만 동물의 행동양식이 인간과 비슷해 보이는 것은 그런 행동양식이 생명의 설계도에 깊이 심겨 있기 때문이다. 동물이 인간처럼 행동하는 것은 인간처럼 생각하기 때문이 아니라 인간과 동일한 세계에 살며, 그 세계가 거주민들에게 특정 행동양식을 명령하기 때문일 것이다.

두뇌는 없지만 충분히 이성적인

예산이론에 대한 실험이 그것을 보여준다. 예산이론은 가진 것이 빠듯할 때 인간이 어떤 결정을 하는가에 관한 이론이다. 이 이론은 수요와 수입과 가격 사이의 연관을, 문외한은 이해하기 힘든 공식과 특이한 그래픽으로 설명해준다. 대학 신입생들에게 이 이론은 한편으로는 너무 어렵고 한편으로는 비현실적으로 보인다. 대체 누가 이런 복잡한 공식과 그래픽이 보여주는 대로 행동할까? 아무도 그렇지 않을 거야!

정말 그럴까? 이것은 '아무도'를 어떻게 정의하느냐에 달려 있다. 담수에 사는 2밀리미터 길이의 단세포동물은 절대로 예산이론대로 행동하지 않을 거라고 믿는가? 천만에. 하늘색 나팔벌레도 예산이론의 공식과 그래픽이 묘사하는 행동을 선보인다. 생물학자들의 말에 따르면 나팔벌레에겐 두뇌나 신경계 따위가 없다. 그냥 단순한 녀석이란 말이다. 당연히 경제학 책으로 가득 찬 서가를 가지고 있지도 않다. 하지만 이 녀석들은 이성적으로 행동한다. 두 종류의 먹이 중 하나를 선택할 때 나팔벌레는 개인적인 기호를 고려하는 동시에 가장 적은 노력을 요하는 먹이를 고른다. 좋아하는 먹이에 다가가기가 힘들면, 덜 좋아하는 먹이 쪽으로 방향을 바꾼다. 예산이론이 그토록 현란한 그림과 공식으로 정리하고 예측하는 것이 바로 이런 행동이다. 나팔벌레는 두뇌가 없지만 최소한 이성이 있는 듯 행동한다.

하늘색 나팔벌레가 대학 신입생의 교과서에 공식과 어지러운 그래픽으로 묘사되어 있는 바대로 행동한다면, 말할 나위도 없이 나팔벌레가 그런 교과서를 읽어서가 아니다. 또는 그런 교과서의 저자처럼 똑똑해서도 아니다. 나팔벌레에게 두뇌라 부를 만한 기관이 없다는 점을 기억하라. 나팔벌레가 그렇게 행동하는 것은 그런 행동이 진화적으로 유용하고, 필요하고, 불가피하기 때문이다. 그것은 동물을 인간적으로 만들어주는 것이 아니라, 인간으로 하

여금 우리가 나팔벌레를 비롯한 모든 동물과 같은 생존법칙에 복
종하고 있음을 상기시켜 준다.

거울 속의 원숭이를 만날 때

동물과 인간에게서 공통적으로 관찰되는 많은 행동양식은 우리가
같은 세계에 거주한다는 사실에서 연유하는 필연성의 표현이다.
이 세계에서 살아남고자 하는 자는 이 세계의 게임규칙을 따라야
한다. 그러므로 이런 행동양식들은 동물이 인간과 비슷한 지능을
가지고 있다는 표시가 아니라, 진화의 부름이자 수만 년 간 지속
해온 학습의 결과이다. 우리가 즉흥적으로 선보이는 많은 행동은
우리가 영리하거나 훌륭한 책을 읽었기 때문에 나오는 것이 아니
다. 수세대에 걸쳐 이런 행동이 생존을 보장해준다는 것을 터득한
덕에 본능적으로 나오는 것들이다. 동물도 마찬가지다. 이것이 바
로 인간과 동물을 어느 정도 비슷하게 만드는 요인이며, 동물의
행동에서 인간의 모습이 연상되는 이유다.
　따라서 동물의 행동을 보고 놀랄 때, 우리는 투사의 함정에 빠
지지 않도록 조심해야 한다. 동물의 신기한 행동을 인간과 같은
지능에서 비롯되었거나 인간적인 의도가 담긴 것으로 해석해서는
안 된다. 그런 식의 해석은 금방 막다른 골목에 다다른다. 그보다

이 세계에서 살아남고자 하는 자,
이 세계의 게임규칙을 따라야 한다.
동물에게서 인간의 모습이 발견되는 건
그들이 인간을 모방해서가 아니다.
그것은 동물과 인간이 같은 세계에 살며
생존을 위해 투쟁해온 진화의 결과물이다.

는 동물의 행동을 차라리 거울처럼 이해해야 할 것이다. 거울은 우리에게 상을 비추어주고, 우리는 그에 대해 생각할 수 있다. 그러다 보면 왕왕 거울의 어느 편이 원숭이인지 헷갈릴 수도 있지만 말이다. 때로는 두 쪽 다 원숭이가 아닐까?

많은 동물 이야기는 재미있고 신기하다. 우리가 그로부터 뭔가를 배우려고 한다면, 우리는 그 이야기들을 거울에 비친 상으로, 비유이자 메타포로 보아야 한다. 그렇게 할 때 동물을 인간과 같다고 보는 실수를 범하지 않는다. 그리하여 이 책에 담긴 동물 이야기는 자연에서 만나는(재발견하는) 인간의 이야기이기도 하다.

이런 시각을 가지면 우리는 동물의 생명을 구할 수도 있다. 중세의 재판에서는 선고를 받은 동물을 공개처형하는 것이 일반적이었다. 겁주기 위해서였다. 돼지나 메뚜기나 코끼리에게 본때를 보인다고? 겁을 준다고? 오 맙소사. 인간은 겁을 먹을지 몰라도, 동물은 겁을 먹지 않을 것이다. 동물을 인간처럼 여기지 않으면 이런 실수를 피할 수 있다. 동물을 단두대로 보내지 않아도 된다.

부당하게 의인화시키지 않는 편안한 시각은 동물의 행동에 대해 새로운 시야를 열어주고, 우리의 친구들을 더 잘 이해할 수 있도록 해준다. 그렇다고 그런 시각이 우리에게서 재미와 놀라움을 앗아가지도 않는다. 동물과 동물의 이야기에 대한 보편적 즐거움은 그대로 남는다. 결국 그들은 우리의 친척이니까 말이다. 진화상으로 볼 때 우리가 아마존 원시림이나 대서양, 또는 아프리카의 초원으로부터 불과 지척의 거리에 있다는 것은 신문을 슬쩍 보기만 해도 알 수 있다. 신문에 많은 동물이야기가 실리는 것도 그런 맥락이다. 우리는 브래드 피트, 킴 카다시안 등 유명인에 대한 가십거리를 읽고 싶어하는 만큼 희한한 짓을 하는 동물들에 대한 이야기에 열광한다. 동물들이 그런 짓을 하리라고 기대하지 않았기 때문이다.

매우 모순적이게도 우리는 동물들을 실컷 인간처럼 생각해놓고는 정작 동물들이 인간적으로 보이는 행동, 똑똑한 행동을 하면 몹시 놀란다. 우리는 동물을 과대평가해서도, 과소평가해서도 안 될 것이다. 다시 한 번 강조하건대, 동물들의 행동이 놀랍거나 재미있을 때 그저 거울을 본다고 생각하면 된다. 그것은 결국 우리 자신에 대해 놀라고 경악하고 웃는 일이기 때문이다.

이야기를 일단 놀람으로 시작해보자. 진정한 영웅의 이야기, 그리고 두려워하는 인간의 이야기로….

1장

인간의 가장 좋은 친구들

돌고래 떼, 애덤 워커를 구하다

애덤 워커는 무섭다. 물론 수영이야 자신 있지만 쿡 해협은 수영하기에 적절한 장소가 아니다. 이곳은 뉴질랜드 북섬과 남섬 사이 해협으로, 전 세계에서 가장 거친 바닷길이라 알려져 있다. 얼음같이 차가운 물, 높은 파도, 강한 바람.

원주민들은 쿡 해협을 '라우카와'라 부르며 신성시한다. 그래서 카누를 타고 처음 이 해협을 건너는 원주민은 이미 이곳을 건너본 다른 원주민들의 인도 아래 눈을 가린 채 횡단하는 관습이 있다. 카누가 저쪽 해안에 도착했다 해도 이곳을 처음 건넌 원주민은 절대 제발로 배에서 내려서는 안 된다. 대신 다른 사람들이 그를 육지로 실어다 준다. 발을 바닷물에 대는 것이 금지되어 있기 때문이다. 애덤 워커는 이곳에서 추위, 파도, 바람과 싸우면서 35킬로미터를 헤엄쳐서 건너고자 한다.

쿡 해협을 헤엄쳐서 건넌 사람은 별로 많지 한다. 최초로 수영

해서 이곳을 횡단한 사람은 마오리족의 한 여인으로 남편에게 쫓겨난 후 내친 김에 이곳을 건넜단다. 그때가 1750년이었다. 현대의 첫 횡단자는 배리 대븐포트로 1962년 무려 열한 시간 넘게 수영한 끝에 이곳을 횡단했다. 애덤 워커는 여덟 시간 반 만에 쿡 해협을 건넜다. 그러나 도중에 엄청난 공포에 떨어야 했다. 파도나 바람 때문이 아니다. 추위 때문도 아니다. 어느 순간 나타난 2미터 길이의 그림자. 길고 날렵한 실루엣! 바로 상어 때문이었다.

애덤 워커는 나중에 이번 모험을 평생 못 잊을 거라고 말했다. 워커는 '대양을 향한 일곱 번의 도전'이라는 명칭의 수영대회(이 대회 참가자들은 전 세계 일곱 군데 험한 바다에서 수영을 해야 했다―옮긴이)에 참가 중이었다. 이 대회는 고래 및 돌고래 보존협회wDCS의 후원금을 마련하기 위해 개최된 것이었고, 애덤 워커를 비롯한 수영선수들은 안전하게 대회를 마칠 수 있기를 소망했다.

그리고 정말로 애덤 워커는 무사했다. 애덤 워커는 상어의 공격을 받지 않았다. 적시에 나타나준 동반자들 덕분이었다. 상어가 모습을 드러낸 지 얼마 되지 않아 여남은 마리의 돌고래가 애덤 워커 주변으로 모여들더니 한 시간 동안이나 그와 동행하며 상어가 가까이 오지 못하도록 막아주었다. 애덤 워커는 돌고래들이 자신의 생명을 구했다고 말한다. 애덤은 한 시간 정도 돌고래들과 함께 수영을 하며, 바다에서 가장 포악한 육식동물의 손아귀에서 벗어날 수 있었다. 이런 모험은 정말이지 평생 잊을 수 없을 것이다.

애덤 워커만이 아니다. 2004년에는 돌고래들이 약 40분 간 네 명의 수영선수를 에워싸면서 근처에서 그들을 노리던 3미터 크기 백상어의 '흑심'을 수포로 돌렸다. 돌고래들은 마치 양 떼처럼 수영하는 사람들과 함께 전진하며 선수들이 '울타리' 밖으로 나가지 않도록 해주었다. 서퍼인 토드 엔드리스는 더 기막힌 일을 경험했다. 서핑 도중 커다란 백상어가 나타나 토드의 등을 잡아채고 다리를 낚아채려하는 순간, 돌고래 떼가 나타나 상어를 쫓아버린 것이다. 토드는 놀란 가슴을 부여잡고 보드 위로 올라가 가까스로 해안에 다다를 수 있었다. 유명배우인 딕 반 다이크('메리 포핀스' '박물관은 살아있다'에 출연)도 돌고래를 생명의 은인으로 추앙한다. 어느 날 그가 서핑보드 위에서 깜박 잠이 들어 깊은 바다로 떠밀려갔는데 돌고래들이 그의 보드를 밀어서 해안가로 데려다 주었다는 것이다.

돌고래가 바다에서 사람들의 생명을 구했다는 이야기는 많이 전해진다. 상어로부터 그들을 보호해주고, 해안으로 데려다주고, 뭍으로 가는 길을 알려주고, 물에 가라앉지 않게 받쳐주고…. 물론 이 모든 이야기가 생판 지어낸 것들은 아닐 터. 그렇다면 돌고래들은 왜 그렇게 하는 것일까? 그들은 어찌하여 인간의 생명을 구해주는 것일까?

이 물음에 맨 먼저 떠오르는 생각은 돌고래의 지능이 높다는 점이다. 돌고래의 높은 지능이 그들을 생명의 구원자로 만드는 것일까? 그럴 수 있다. 지능이 있는 존재는 다른 존재에게 감정 이입을 할 수 있으니까 말이다. 상대에게 동정심을 느끼면서 그가 궁지에 빠진 것을 보면 구하려고 할 수도 있다. 하지만 이것이 과연 올바른 대답일까?

돌고래는 지능이 높다. 반면 인간의 생명을 구한 동물 중 지능이 높지 않은 것들도 많다. 이런 경우는 어떻게 설명해야 할까? 돌고래와 가까운 친척 중 지능이 돌고래만큼 높지 않은 녀석들 역시 인간을 좋아하는 듯하다. 벨루가고래 밀라는 잠수대회에서 쥐가 나 익사할 뻔한 잠수부 양윤을 구했다. 곤궁에 빠진 양윤을 본 밀라는 잠수부의 다리를 물고는 조심스럽게 수면 위로 밀어올렸다. 잠수대회 주최 측 인사 중 한 명은 "밀라는 우리보다 앞서 양윤이 곤경에 처했다는 것을 알아보았다"고 증언한다.

'올해의 영웅'은 바로 너!

동물들은 바다에서뿐 아니라 육지에서도 인간의 생명을 구한다. 브루클린 동물원의 여덟 살 먹은 암컷 고릴라 빈티 주아도 그랬다. 어린 남자아이가 고릴라 우리로 떨어지자 빈티 주아는 의식을 잃은 이 아이를 팔에 안아(놀란 군중의 우려와 달리 그를 해치기는커녕 그를 해칠 의도가 있었을 자신의 동료들로부터 이 아이를 보호한 채) 조심스럽게 문 쪽으로 갔고 그곳에서 사육사들에게 아이를 인계했다. 이에 〈뉴스위크는〉 빈티를 올해의 영웅으로 추앙하였다.

사람들은 암컷 고릴라의 이런 행위에 대해 재빠르게 간단한 해석을 내놓았다. 즉 빈티가 소년을 자신의 동류로 보았다는 것이다. 그리고 그녀의 모성본능이 평소보다 더 강하게 작용했을 것이라고 점쳤다. 빈티에게는 당시 17개월짜리 '딸'이 있었고, '딸'은 시종일관 빈티의 등에 찰싹 달라붙어 있었다. 어린아이가 우리에 떨어졌을 때 그녀의 모성본능이 작동한 것은 놀랄 일이 아니다.

그러나 동물이 인간을 자신의 동류로 착각해 생명을 구해준다는 생각은 폴리의 경우를 보면 납득이 가지 않는다. 유괴당할 뻔했을 때 폴리는 열두 살이었다. 폴리가 사는 에티오피아에서 여자아이가 유괴되는 일은 드물지 않다. 남자들은 지속적으로 어린 여자아이들을 유괴해 폭력을 행사한 뒤 결혼을 강요한다. 폴리 역시 에티오피아의 많은 여자아이들이 처하는 운명에 놓일 뻔했다. 하지만 운 좋게도 예전 에티오피아의 상징 동물이 폴리를 구했다. 유괴자들이 폴리를 오두막에서 끌어내는 순간 세 마리의 사자들이 나타났고 남자들은 놀라서 도망쳐버렸다. 폴리의 진술에 따르면 이후 사자들은 폴리를 머리칼 하나 손상하지 않고 반나절을 함께 있어주다가 경찰이 오자 숲으로 사라졌다. 경찰은 사자들이 폴리가 마치 선물이라도 되는 듯이 폴리를 지키고 있더라고 말했다.

이런 이야기가 맞는다면(유명 뉴스 에이전시들은 으레 '보도에 따르면'이라는 전제 하에 이런 기사를 전한다) 비슷한 생김새로 말미암아 동류로 착각했다는 설명은 통하지 않는다. 사자들은 어린 소녀를 동류로 여길 수 없다. 동류로 여길 수도 있다고? 그럴지도 모른다. 전문가들은 사자들이 흐느끼는 아이를 보고 어린 사자새끼를 연상했을지도 모른다고 말한다. 그리하여 사자들의 보호본능이 유발되었을 거라고 말이다. 하지만 또 다른 설명은 그리 따뜻하지 않다. 흔히 사파리 모험을 떠나는 사람들은 사자를 만나면 도

동물에게 연민이라는 감정이 있을까?
고릴라 빈티가 곤경에 처한 아이를 구했을 때,
전문가들은 빈티의 모성본능이 강하게 작용한 결과라고 점쳤다.

망가거나 놀라지 말고 가만히 있으라는 조언을 받는다. 폴리 역시 도망가지 않았다. 오히려 마비된 것처럼 있었다. 보도에 따르면 폴리는 일시적으로 의식이 없었다. 이 점이 폴리의 생명을 구했는지도 모른다. 즉 사자들이 폴리를 적극적으로 보호한 것이 아니라 미처 먹지 않은 것일지도 모른다. 배가 고프지 않아 나중에 먹을 의도였고, 배고픔이 찾아오기 전에 경찰의 방해를 받았는지도 모른다. 제아무리 동물의 왕이라도 배가 부르면 굳이 허둥지둥 달려온 사람 무리를 상대하고 싶지 않을 것이다. 그러기에는 스트레스가 너무 크다. 그렇다면 생명을 구한 것은 그냥 사자들의 편의에 따른 결과인지도 모른다.

비판적인 사람들은 동물을 '생명의 은인'으로 추앙하는 것을 미심쩍어 한다. 그들이 보기에 생명을 구했다는 해석은 '오해'에 불과하다. 돌고래들은 그저 약간의 놀이를 하려 했고 그러다 보니 의도치 않게 인간의 생명을 구했다는 게 돌고래의 행동에 대한 덜 미화적인 설명이다. 돌고래들은 호기심에서(뭔가 물에 이상한 게 떠다니는 걸 자세히 보려고 하다가) 우연히 생명을 구했을 수도 있다. 그밖에 또 드는 생각은 모든 상어가 자동적으로 사람을 공격하지는 않는다는 것, 그리고 돌고래가 상어 가까이에 다니는 것은 지극히 정상적인 현상이라는 점이다. 상어와 돌고래는 종종 같은 노획물을 좇기 때문이다. 토드 엔드리스를 공격한 상어는 아마도 서핑보드를 좋아하지 않기에 노획물에서 '발을 뺐을 수도' 있다.

보드를 물어보니 워낙 맛이 없어서(서핑보드는 나무와 유리섬유로 되어 있으니 말이다) 다른 '메뉴'를 찾아 떠났는지도 모른다. 그밖에 상어가 그의 다리를 공략하려고 하자 토드가 상어를 발로 걷어챘던 것이 상어로 하여금 그를 내버려두고 떠나게 했을 수도 있다. 그렇게 보면 토드가 생명을 부지한 것에서 돌고래가 수행할 역할은 그리 놀랄 만한 수준이 아니다.

네가 나를 도우면,
나도 너를 도울게

이제 인간에게도 해당되는 설명이 남는다. 이타주의, 협동, 주변 대상을 돕고자 하는 욕구…. 아마도 이런 미덕은 생명의 설계도에서 중요한 요소일 것이다. 이기주의와 자기 유익만이 아니라 협력과 협동, 사회적 관습도 자손 번식에 도움이 된다. 이것은 무리를 결집하고 전 무리의 생존 가능성을 높이는 사회적인 접합제이다. 무리의 개개인은 나머지 무리를 구함으로써 공동의 유전자 풀을 넓히기 위해 희생한다. 또는 자신이 위기에 빠졌을 때 다른 멤버들도 그렇게 해줄 것을 바라는 가운데 무리의 다른 개체들을 구한다. 상호적 안전보장의 차원에서 생명을 구하고 협력하는 것. 이것은 진화상 중요한 생존전략이다.

연구자들은 인간을 대상으로 한 간단한 놀이실험(가령 최후통첩놀이, 독재자 놀이 같은 것)을 통해 인간이 공정성에 가치를 부여한다는 것, 그리하여 관용에는 관용으로 반응하고, 공정하지 못한

행동에는 벌을 준다는 것을 증명해냈다. 서로를 돕고 협력하려는 의지는 그것이 진화적으로 중요하기에 인간의 설계도에 심겨져 있는 듯하다. "네가 나를 도와주면, 나도 너를 도울게." 이것은 둘 모두의 생존을 보장한다.

협력과 이타적 행동이 종족보존에 도움이 되기에 인간의 설계도에 심겨져 있다면 이런 행동이 동물의 행동 유형에도 포함되지 말아야 하는 이유가 무엇이란 말인가? 그렇다면 그런 행동은 높은 지능이나 도덕심의 표시가 아니라, 오히려 자동적이고 반사적인 것일 게다. 수백만 년에 걸친 진화는 우리에게 특정 행동 프로그램이 생존에 유익하다는 것을 가르쳐주었으며, 협력하고 도움을 베푸는 것 역시 그런 것들 중 하나이다. 이런 행동 프로그램이 어찌하여 자기 종이 아닐 때도 작동할까 하는 문제만이 남을 따름이다. 왜 다른 종도 도와야 할까?

잘못해서 다른 종을 자신의 종으로 착각한다는 단순한 견해 외에 가능한 대답은 공동의 적에 대항하기 위해 종을 초월하는 협력이 연마되었다는 것이다. 진화적인 유익에서 자기 적의 적을 돕는 것은 당연한 행동이다. 종을 초월한 협력 속에서 먹이를 찾으러 나갈 수도 있다. 앞으로도 살펴보겠지만 먹이를 찾는 과정에서 나타나는 노동 분업은 인간과 마찬가지로 동물의 세계에서도 특별한 것이 아니다. 그리고 많은 경우 '종'이 아니라 '무리'가 중요한 듯하다. 히어로 캣의 경우처럼 말이다.

히어로 캣, 시구자로 나서다

히어로 캣의 진짜 이름은 타라 트리안타필로. 타라는 회색과 흰색 줄무늬가 있는 평범한 캘리포니아 고양이로, 한 가족의 영웅이 되었다. 주인집 아들인 어린 제레미가 개의 공격을 받자 번개처럼 나타나 개를 공격함으로써 개가 어리둥절한 채 물러나도록 만들었던 것이다. 타라의 영웅적인 행동을 찍은 비디오는 유튜브에서 2,000만 회 이상 클릭되었다. 히어로 캣의 행동은 자기 무리의 일원을 보호한 차원일 게다.

개나 고양이가 가족 구성원을 보호한 사례는 아주 많다. 놀라운 개 칸의 영웅적 행위도 그 중 하나다. 칸은 17개월 된 주인집 딸을 포대기에 싸서 독사의 공격으로부터 막아주었다. 가족들은 칸의 그런 행동을 두고 칸이 자신을 동물보호소에서 데려와준 것이 고마워 주인에게 은혜를 갚았다고 믿는다. 그러나 칸의 행동은 본능적으로 무리의 일원을 보호하려는 반사에서 나왔을 수 있다.

화재나 적의 공격 등 위험을 적시에 알림으로써 사람을 구한 개나 고양이는 꽤나 많다.

히어로 캣 타라는 영웅적인 행위를 한 보답으로 그 지역 야구팀인 베이커스필드 블레지즈 경기에서 시구를 하는 영예를 안았다. 물론 고양이라 제대로 공을 던질 수 없으니 공을 끈에 묶어놓고, 히어로 캣이 그것을 치는 형식이었다. 오, 시구라니. 모든 미국인이 꿈꾸는 일이 아닌가.

재미, 오해, 협동심, 진화. 동물이 인간의 생명을 구할 때 이 모든 요인들이 역할을 할 것이다. 그러나 가장 기분 좋은 해석은 이런 행동이 생명에게 보편적으로 존재하는 교감에서 비롯되었다고 보는 것이리라. 게다가 이런 보편적 공감이나 교감은 진화에 부합하는 것이기도 하다. 우리가 이런 보편적 공감과 교감을 좋아하는 것은 자연이 우리에게 가르쳐준 미덕이기 때문은 아닐까. 애덤 워커는 "'아이쿠, 바다를 횡단하는 저 친구를 도와줘야겠구나.' 돌고래들이 그런 생각을 했을지도 모른다고 생각하면 기분이 좋아져요"라고 말한다. 어쨌든 애덤 워커는 바다에서 살아 돌아왔다.

2장

알코올에 취해

황여새의 떼죽음,
그 사인을 밝혀라

2006년 1월 15일 빈에서 떼죽음이 있었다. 빈의 란트슈트라세와 펜칭을 이어주는 지하철 U3 구간에서 약 40구의 시신이 발견되었던 것이다. 시민들은 패닉에 빠졌다! 희생자는 참새과의 사랑스러운 황여새들이었다. 최대 18센티미터쯤 자라고, 무게는 50~60그램 정도인 작고 귀여운 새들. 무리를 지어 생활하는 습성이 더욱 치명적으로 작용한 것 같았다.

조류독감이 유행하던 시기였으니 시민들이 느끼는 공포는 이해할 만한 것이었다. 많은 사람들은 조류독감이 이제 도나우 강까지 확산되는 게 아닌지 우려했다. 조류독감이 U3 주변에서 떼죽음을 불러온 것일까? 빈 시민들의 공포에는 중세의 미신도 한몫했다. 중세에 황여새는 불행을 가져오는 새들로, 페스트의 전령으로 여겨졌던 것이다. 하지만 이런 불안은 터무니없는 것이었다. 페스트와는 아무 상관없는 일이었으니까. 즐겁게 지저귀는 황여

새들은 겨울이 되어 그들의 추운 고향에 먹을 것이 부족해지면 으레 독일 쪽으로 날아오는 새들이지, 무슨 나쁜 소식을 들고 오는 전령은 아니었다. 게다가 이들의 떼죽음은 조류독감과는 무관한 것으로 밝혀졌다.

질병도 아니고, 환경오염도 아니고, 누가 사냥을 한 것도 아니고, 지구 방사선 때문도 아니고…. 대체 왜 이런 떼죽음이 발생한 것일까? 사람들은 이 새들이 도시 환경에 친숙하지 않아서 유리창문에 부딪혔을 거라고 추측했다. 하지만 이런 추측도 미심쩍기만 했다. 그러던 차에 황여새가 죽은 원인이 차츰 밝혀지기 시작했는데, 그 원인은 생각보다 인간적이고 진부했다. 이들을 죽음으로 몰고 간 원인은 바로 알코올이었다! 맙소사, 황여새들이 술에 취해 비틀거렸다는 것이다. 인간적인 잣대로 보면 아주 만취상태였던 것이다.

의외의 주당들

알코올이라니, 알코올은 정말이지 만만한 상대가 아니다. 세계보건기구에 따르면 세계적으로 매년 300만 명 이상이 과도한 알코올 섭취로 인해 사망한다. 만 14세 이상 인구는 연평균 6리터 이상의 순수 알코올을 소비한다는데, 환산하면 하루 13.5그램 꼴이다. 독일은 한 명당 순수 알코올 소비량이 연평균 11.8리터이고, 남성들의 경우 사인의 7퍼센트 이상이 알코올이며, 여성들의 4퍼센트가 알코올로 말미암아 죽음을 맞이한다고 한다. 사정이 이러니, 새들도 알코올로 인해 죽을 수 있지 않겠는가. 황여새는 평소 아주 우아하고 능숙한 비행을 선보이지만, 혈중 알코올 농도가 프로밀(천분율)이 아니라 퍼센트(백분율)로 표시할 정도가 되면 제아무리 비행의 고수라도 뻗어버리고 만다. 그리고 그런 상태에서 유리창이나 나뭇가지, 혹은 다른 장애물로 돌진하면 목이 부러져버리기 십상이다.

부어라, 마셔라….
새들도 알코올을 좋아한다.
취해서 비틀댈 때가지, 종종 죽음에 이를 때까지.

하지만 황여새가 어떻게 그 정도까지 과음을 할 수 있었을까? 고속도로 휴게소에서 돈을 주고 술을 구입했을 리도 없는데 말이다. 학자들이 면밀히 살펴보니, 황여새들은 타이가에서 중부유럽으로 오는 길에 농익은 포도와 마가목 열매를 먹은 것으로 밝혀졌다. 이런 농익은 열매가 뱃속에서 발효되어 취기를 유발했던 것이다. 물론 이것은 업무상 재해라고 볼 수도 있을 것이다. 황여새는 화학 수업을 받은 적도 없고 발효 과정도 알지 못하니 말이다. 그러니 이런 사고가 사실은 이번 한 번만이 아니라는 것도 놀랄 일은 아니다. 1993년 늦가을에도 프랑크푸르트 661번 고속도로에서 수백 마리 새들이 차로 돌진해 죽음을 맞이한 적이 있었다. 이때의 사인 역시 알코올 때문이었다. 동물들은 최대 5퍼센트의 알코올을 함유한 산사나무 열매와 개장미를 먹었고, 이것은 거의 맥주에 해당하는 수준이었다. 알코올이 도로에서 여러 번 희생자를 발생시킨 셈이다.

술 취해 비틀대는 동물! 전설적인 디즈니 기록영화 '사막은 살아있다'에서 술 취한 코끼리가 등장한 이래, 이런 일은 그다지 새로운 것도 아니다. 그 기록영화에서 아프리카 코끼리가 나무에서 떨어져 발효된 마룰라 나무 열매를 먹고 알코올에 취했다는 이야기는 그저 전설에 근거한 것일 테다. 생리학적으로 보자면 몸무게가 3,000킬로그램이나 나가는 코끼리가 알코올로 말미암아 정신이 오락가락하려면 7퍼센트의 알코올(에탄올)을 10~27리터는 흡입해줘야 하는데, 다 자란 코끼리가 야생에서 그 정도 알코올을 섭취하는 것은 가능하지 않기 때문이다. 그래서 일부 연구자들은 마룰라 나무 근처에서 보이는 코끼리의 공격적인 행동을 영역 방어행동으로 해석하기도 한다. 또 다른 연구자들은 마룰라 나무 껍질이 그 어떤 이유로 공격성을 유발시킬 수도 있다고 본다.

이와 관련해 인도에서는 코끼리들이 쌀맥주를 좋아하는 사실이 알려져 있다. 코끼리들이 마을의 술저장고를 접수해버린 탓에 소동이 벌어진 적도 여러 번이었다. 몸무게가 3,000킬로그램 나가는 불량청소년이 부모님 집 지하실에 저장해놓은 맥주를 슬쩍한다고 상상해보라. 이를 어쩌겠는가.

매일 밤 아홉 잔은 빨아야

베르트람의 야자나무는 그 자체로 편안한 공짜 술집이다. 이 야자수가(믿기 힘들지만) 끊임없이 알코올 함량 약 3.8퍼센트의 수액을 만들어내기 때문이다. 맥주 거품을 연상시키는 수액이다. 이렇게 좋은 조건이니 일곱 종의 포유동물이 규칙적으로 이 나무를 찾아와 한 잔씩 하고 가는 것도 놀랄 일이 아니다. 연구자들의 관찰 결과 그 중 어떤 동물은 하룻밤에 두세 번이나 거듭 이곳을 찾아왔다지 않은가. 빛나는 네온사인 간판도 없고, 연주하는 밴드도 없는데 말이다. 하룻밤에 두세 번이나 이곳을 들른다니, 인간의 잣대로 환산하면 하룻밤에 약 아홉 잔은 하는 셈이라고 한다. 이쯤 되면 인간 사회에서는 곧잘 드잡이질도 벌어질 만한 상황인데, 베르트람 야자나무 바에 다니는 손님들은 상당히 평화롭기만 하다. 슬로바키아에서 취한 상태로 말썽을 부리는 곰들과는 사뭇 다르다고 할까? 슬로바키아에서는 곰들이 겨울잠을 자기 전에 좀

제대로 먹으려고 작정했는지 과수원을 싹쓸이했고, 땅에 떨어져 발효된 과일을 먹고 거나하게 취한 장면이 목격되었다. 술 취한 야생곰들, 과수원에 출몰하다! 과수원 주인들에게는 그야말로 황당한 일이 아닐 수 없다. 술 취한 야생곰 여러 마리가 당신의 정원에서 어슬렁거리고 있다고 생각해보라. 공들여 가꾼 장미 화단이고 뭐고 죄다 절단날 것이다.

하지만 이런 일로 곰들을 법적으로 고소할 수 있을까? 독일에서는 그럴 수 있다. 독일 형법은 '만취'를 알코올이나 기타 취하게 하는 물질로 말미암아 야기된 중독 상태로 본다. 이런 상태는 인간의 분별력과 조절력을 감소시키므로, 독일 형법 323a항은 만취 상태에서 범법행위를 하는 경우 최대 5년의 자유형에 처하도록 하고 있다. 하지만 곰들이 이런 법에 무슨 관심이 있겠는가. 물론 동물들에겐 더 심한 벌이 기다릴 수도 있다. 조심하지 않고 취해서 돌아다니는 동물들은 생명을 잃을 위험이 있으니까. 그런데 동물들은 왜 술에 취하는 것일까? 알코올에 무슨 중요한 의미라도 있는 것일까?

우선 많은 동물들은 정말로 술이 세다는 걸 언급하고 넘어가자. 위에서 말한 황여새와 개똥지빠귀들은 알코올 치사량이 퍼센트 단위에 이른다. 인간은 프로밀(퍼밀, 천분율) 단위에서 이미 치사량을 웃도는데 말이다(인간의 알코올 치사량은 0.4~0.7퍼센트이다 ─옮긴이). 이 새들의 간은 알코올탈수소 효소를 다량 만들어내기에 이토록 많은 양의 알코올을 감당할 수 있다. 보통 사람의 몸무게로 환산하면 찌르레기는 8분에 한 번씩 한 병의 와인을 들이켜도 취하거나 운전면허를 취소당하는 일이 없을 정도다. 그래서 전문가들은 고속도로에서 떼죽음을 당한 새들이 알코올 때문에 죽은 게 아니며, 맹금을 피하느라 고속도로에서 너무 낮게 날다가 자동차들에 부딪혔을 거라고 이야기한다. 연구에 따르면 새들뿐 아니라, 박쥐도 술이 매우 센 것으로 나타났다. 박쥐들은 알코올을 굉장히 많이 섭취한 다음에도 여전히 잘 날아다닐 수 있는데, 이런 특성은 진화적으로 유익이 되었을 것이다. 익은 과일을 실컷 먹고 나서도 아주 먼 길을 날아갈 수 있으니 말이다. 그래서 박쥐는 음주비행을 하다가 천적에게 잡아먹히거나 바위벽에 부딪히거나 고속도로에서 생을 끝마칠 위험이 거의 없다.

동물이 알코올에 끌리는 이유

동물들이 술이 세다고? 그렇다면 알코올을 섭취하고 나아가 취하는 것이 그들에게 무슨 의미가 있을까? 이것은 다분히 인간적인 질문이다. 인간에게 알코올은 기호식품이자 취하게 만드는 물질이기 때문이다. 인간은 알코올이 가져다주는 기분 좋고 경쾌한 느낌을 좋아한다. 하지만 동물이라고 그런 느낌을 포기해야 할까? 동물이 알코올을 가까이 하는 것은 무의미한 행동일까? 알코올이 동물들에게 좋은 느낌을 선사하지 않는다면, 그들은 왜 알코올을 섭취하는 것일까? 이런 질문은 사실 한잔 하는 걸 좋아하는 인간만이 던질 수 있는 질문이다.

동물들의 알코올 섭취와 관련해서는 취하는 것 자체보다 알코올이 신호하는 메시지에 더 주안점을 두고 생각해야 할 것이다. 막 발효되고 있는 익은 열매, 즉 높은 에너지를 가진 열매. 이런 열매들이야말로 생존에 중요한 것들이다. 알코올 냄새는(그것

을 맡을 수 있는 한) 높은 에너지원을 가진 먹이로 인도하고, 이것은 영양 면에서 생존 확률을 높이는 요인이다. 이런 점이 동물들이 알코올에 강한 이유를 설명해준다. 취하는 것은 단지 에너지가 풍부한 먹이가 수반하는 부작용일 따름이다. 인간 사회에서는 어느 순간 이런 부작용이 주된 역할을 넘겨받은 듯하다. 바로 이것이 '문명'이라 부르는 요인 아니겠는가.

그러므로 오늘날의 음주벽은 진화의 산물이라고도 할 수 있다. 수만 년 전 아주 유용했던 행동이 오늘날 풍요의 시대에 와서 문젯거리가 되는 것이다. 오늘날에는 쿵쿵거리며 냄새를 따라 술집에 갈 필요가 없으며, 술집에 가서도 영양가 있는 먹거리 자체가 중요한 건 아니니까 말이다. 알코올 냄새가 먹이를 찾는 데 중요한 역할을 했다는 것, 이것이 알코올리즘에 대한 다른 시각일 것이다. 이렇게 동물들의 음주 습관을 살펴보다 보면 또 다른 생각이 꼬리를 문다. 자, 그럼 쥐들에게 한잔 권해보자.

역시 술이야

솔직히 말하면, 쥐들에게 공짜로 한잔 선사할 마음은 없다. 쥐들로 하여금 대가를 지불하게 할 작정이다. 실험은 다음과 같이 이루어진다. 쥐들에게 술과 먹이를 제공하되, 각각의 대가를 지불해야 주어지게끔 한다. 술 한 모금 혹은 먹이 한 입을 먹고 싶을 때마다 지렛대를 눌러야 하는 것이다. 그것도 한 번이 아니라 먹이 혹은 알코올을 원할 때마다 여러 번 눌러야 한다. 이게 쥐들이 술이나 먹거리를 위해 지불해야 하는 대가다. 햄스터 바퀴, 아니 쥐바퀴로 인간 삶을 시뮬레이션 하는 것이다.

쥐들은 술을 얼마나 좋아할까. 술과 먹거리를 위해 그들은 지렛대를 기꺼이 누르는 대가를 지불할까. 알코올과 먹이를 얻는 데 필요한 대가를 다양하게 변화시켜 보면 쥐들이 술을 얼마나 중요시하는지 알 수 있을 것이다. 실험결과는 정말 기가 막혔다. 쥐들이 상당한 애주가로 드러났던 것이다.

먹이를 먹기 위해 치러야 하는 대가를 올리자 쥐들은 식사 횟수를 줄였다. 기대한 바였다. 먹이에 지불해야 하는 대가를 두 배로 올리자, 먹이 양이 약 40퍼센트 수준으로 떨어졌다. 그러나 알코올에는 이런 예상이 통하지 않았다. 술을 줄이도록 하기 위해서는 대가를 약 500퍼센트로 인상해야 했다. 맥주 한 박스 가격이 1만 원에서 5만 원으로 올라도 인간들이 동일한 양의 맥주를 소비하는 형국이라고 보면 된다. 월드컵 결승전이 열리는 날이나 록페스티벌 마지막 날이라고 가정해도 그렇지, 다섯 배는 좀 너무한 가격이 아닌가.

이런 식의 결과는 학술문헌에서 숱하게 찾을 수 있다. 대다수 실험결과, 쥐들의 음주 욕구는 먹이에 대한 욕구보다 훨씬 강했다. 알코올 소비에서 쥐들은 가격 변동에 거의 반응하지 않았다. 일반 재화에서는 가격이 오르면 소비가 절감된다. 그리고 특정 재화의 가격이 오르면 가격이 덜 오른 다른 재화의 소비가 늘어난다. 초콜릿이 비싸지면 곰젤리로 갈아타는 식이다. 하지만 알코올에는 이런 공식이 통하지 않는다. 알코올에 대해 지불하는 대가가 두 배쯤 상승해도 최소한 쥐들은 꿈쩍도 하지 않았다. 또 다른 실험들은 이런 행동이 기호나 영양소 때문이 아니라 단지 혈중 알코올 농도 때문이라는 것을 보여주었다.

여러 실험은 쥐들이 정말로 심각한 알코올 중독자임을 암시해주었다. 쥐들은 지불 대가 상승에도 불구하고 혈중 알코올 농도를 일정하게 유지하고자 했다. 즉 동일한 양의 술을 마시고자 했다. 지불 대가의 변동은 중요하지 않았다. 중요한 건 혈중 알코올 농도뿐. 쥐들에게 마음껏 맥주를 제공한 실험에서도 이런 가설을 확인할 수 있었다. 연구자들은 쥐들에게 무료로 알코올을 마음껏 제공해보았다. 예상은 적중했다. 대가를 치르지 않고 마음껏 술을 마실 수 있었을 때에도, 즉 알코올 가격이 무료가 되었을 때에도 쥐들은 가격 변동에 반응하지 않았다. 단지 쥐들은 일정한 혈중 농도를 유지하고자 했다. 인간들과는 달리 무료 맥주가 흥청망청 술을 마셔버리는 것으로 이어지지 않았다.

쥐들에게 앞으로 알코올 가격이 오를 거라는 신호를 줘도 아무 변화가 일어나지 않았다. 이성적인 애주가라면 미래의 가격 상승이 예상될 경우 금주를 심각하게 고려하지 않을까? 계속 술을 마시면 높은 대가를 치러야 하니까 말이다. 그러나 애주가 쥐들은 이런 상황에 대해 끄덕도 하지 않았다. 사실은 직립보행 하는 애주가들도 아마 마찬가지일 것이다. 알코올 중독자들이 술을 마실 때, 알코올을 계속 소비할 경우 자신의 미래가 어떻게 될지 그 결과를 이성적으로 숙고한다고 주장하는 학자들은 이 지점에서 식은땀을 흘릴지 모른다. 하지만 이런 이론에도 강점이 있다는 걸 보여주는 실험이 있다. 바로 해피아워 타임을 마련하여 무료로 술을 마음껏 제공한 뒤 동물들의 행동을 관찰하는 것이다.

동물을 통해 본
알코올 의존증의 조절나사

두 다리로 걸어다니는 지구상의 주민들 모두가 술을 좋아하는 것은 아니다. 상점들이 거의 문을 닫은 심야에도 맥주 캔을 살 수 있는 지구상의 유일한 존재(인간)와 매우 비슷한 원숭이들도 술을 좋아할 것 같지만 야생에서 살아가는 원숭이들이 알코올을 소비한다는 연구는 거의 없다. 반면 동물원에 갇힌 상태로 사육되는 원숭이에게 술을 먹이는 건 어렵지 않다. 가령 멕시코시티의 산안드레스 토토테펙 영장류센터가 매일 정오에 여는 해피아워에서처럼 말이다. 35마리의 원숭이들을 위한 술 무료제공 시간. 연구자들은 누가 얼마나 마시는가를 추적했다. 어떤 나이, 어떤 성별의 원숭이, 대체 어떤 원숭이가 얼마나 마실까?

당황스런 결과는 이 센터의 암컷 원숭이들이 수컷 원숭이들보다 술을 더 좋아한다는 사실이다. 반면 틴에이저(스마트폰은 쓰지 않는 털가죽 버전의 틴에이저)가 나이든 원숭이들보다 더 많이 마신

다는 인식은 그리 놀랍지 않다. 연구자들에 따르면 젊은이들이 모험을 좋아한다는 것 외에 나이든 동물은 더 높은 스트레스에 노출되어 있기 때문이다. 커리어, 모략, 지위 다툼, 결혼생활의 문제들…. 성인으로서 낙오하지 않으려면 술을 마시고 흥청망청할 시간이 없다. 이런 결과는 자못 친숙한 느낌이 든다. 인간의 경우 알코올이 종종 (부당하게) 스트레스 킬러로 투입된다는 사실만 빼고 말이다. 여기서 우리는 원숭이들을 본받아야 할 것이다.

이를 제외하면 알코올을 소비하는 원숭이와 인간 애주가 사이의 생물학적인 차이는 그리 크지 않은 듯하다. 어떤 원숭이는 술을 마시고 의식을 잃거나 통제력을 상실하기까지 했고, 공격적인 태도를 보이는 원숭이도 있었으며, 어떤 원숭이는 그냥저냥 평정을 유지했다. 그런가 하면 과음한 다음날 숙취에서 벗어나기 위해 가만히 구석에 쭈그려 있는 원숭이도 보였다. 그런가 하면 원숭이들 사이에도 술을 가끔씩 마시는 부류와 습관적으로 마시는 부류가 있는 것으로 나타났다. 어떤 원숭이들은 술이 손에 닿는 한 무조건 병을 들이켰다. 한마디로 말해, 알코올에 관한 한 원숭이들은 인간과 비슷한 행동을 보였다.

우리는 동물들의 음주 행위를 관찰하며 두 가지 유의미한 교훈을 얻었다. 바로 알코올은 스트레스 킬러가 아니며, 해장술은 심지어 원숭이들에게도 멍청한 것으로 여겨진다는 것! 이제 세 번째 교훈 차례다. 이번 교훈은 다소 조심스러운 전망을 제시한다. 즉 쥐들이 상당한 애주가이고, 그들의 술 소비에서 알코올의 양이 중요시된다면, 이들의 알코올에 대한 수요는 경제학 용어로 '비탄력적 수요'라고 할 수 있다. 가격이 변동해도 별로 변화하지 않는 수요 말이다. 그러므로 이런 수요는 가격이 아니라 주변 조건이나 환경을 변화시켜야 바뀐다는 특징을 띤다. 쥐를 대상으로 한 몇몇 실험은 알코올 소비에 매우 값비싼 대가를 치르게 하는 것이 알코올을 줄이도록 하는 데 도움이 된다는 것을 보여주었다. 이런 생각에 착안하여 알코올 의존증에 대한 치료법을 개발할 수도 있지 않을까?

즉, 알코올 의존증을 예방하는 문제에서 술의 소매가격은 적절한 조절나사가 아니다. 여러 동물 실험들은 술을 마실 때마다 사회에서 단기간 격리시키는 조치를 취하면 알코올 의존증 환자들의 음주 욕구를 다스릴 수 있음을 암시한다. 결국 여기서도 대가를 치르는 것이 문제가 되지만, 번지수가 약간 다르다고나 할까? 애주가들은 일반적으로 혼자 있는 걸 좋아하지 않는다. 쥐들이 이성적인 음주가라면, 인간은 왜 안 그렇겠는가?

술 취한 새들, 술 퍼마시는 곰들, 술 좋아하는 쥐들…. 물론 동물들의 행동을 인간적으로 해석하는 것은 우리의 해묵은 습관이다. 그리고 그런 해석은 결국 우리 인간의 모습을 비추어준다. 하지만 한편으로 많은 연구자들은 동물도 술을 좋아한다고 주장하며, 그런 점에서 결국 인간도 하고많은 동물의 하나일 뿐이다.

3장

노래하고 춤추고

노라는 바흐를 좋아해

인터넷 상의 비공식 화폐는 클릭 횟수다. 어떤 동영상을 본 사람들의 수. 이런 비공식 화폐를 기준으로 할 때 노라는 스타다. 노라의 동영상 중 하나는 클릭 횟수가 900만 회에 달한다. 비교하자면 독일 그랑프리 대회 예선에서 안 소피가 불렀던 '블랙 스모크'는 조회 수가 180만 회 조금 넘는 수준이다. 얀 델라이가 연출한 우도린덴 베르크의 '레퍼반' 조회수는 220만이다. 그런데 노라의 모든 동영상을 합치면, 2,000만 회에 달한다.

노라의 동영상은 여러 개다. 노라는 즉흥적으로 바흐를 연주하며, 오케스트라와 협연까지 했다. 슈퍼스타인 피아니스트 빌리 조엘은 노라에게 사진 한 장을 헌정했고, 노라 역시 사인을 해서 사진 하나를 보냈다. 미국의 유명 방송인 마사 스튜어트는 노라에게 요한 세바스찬 바흐의 흉상을 보냈다. 바흐는 노라가 가장 좋아하는 작곡가다. 노라의 음악에 대해 비평가들은 프리 재즈와 필

립 글래스 중간쯤 크로스오버 스타일이라고 평한다. 노라는 매일 여러 번 연주를 한다. 하지만 내킬 때만 한다. 진정한 디바가 아닐 수 없다. 노라는 생후 일년 즈음부터 연주를 했고, 지금은 네 살! 노라는 고양이다.

인터넷을 클릭하다 보면 스스로 음악을 연주하거나 인간의 음악에 친근감을 표시하는 동물들의 비디오가 수없이 많다. 주인의 기타 연주를 음미하며 감동적인 표정을 연출하는 골든 리트리버, 노래를 부르는 수많은 앵무새들…. 어떤 앵무새는 심지어 모차르트의 '마술피리'까지 노래한다.

음악성 있는 동물들은 대개 우연히 발견된다. 투커도 그랬다. 가족 모두 출근하고 집이 하루 종일 비어있는데 이상하게도 투커네 집에서 계속 시끄러운 피아노 소리가 들린다는 이웃의 불평이 자자했다. 억울한 투커 가족은 도대체 어찌된 일인지 확인하기 위해 CC TV를 설치했다. 그리고 필름을 돌려보는 순간 기겁하고 말았다. 강아지 투커가 피아노 의자에 폴짝 뛰어오르더니 열정적으로 건반을 두드리며 가슴에서 우러나는 노래를 울부짖는 것이었다. 푸들들의 귀에는 감미로운 음악이려나? 투커는 푸들과 슈나우저의 믹스견이다. 하지만 투커 가족은 정말로 골치가 아프다. "매일 같이 연습을 하는데도 실력이 나아지는 기색은 없어요." 투커의 비디오에 대한 가족의 해석이다.

음악은 수수께끼 같은 존재다. 이건 학자들에게도 마찬가지다.

본래 자연은 쓸데없는 것을 허락하지 않는다. 그럼에도 언뜻 쓸데없어 보이는 음악이 이 세상에서 커다란 비중을 차지하는 것은 정말 묘하다는 생각이 든다. 음악은 사람을 즐겁게 혹은 슬프게 만든다. 공격적으로 만들기도 하고, 편안하게 만들기도 한다. 우리는 음악에 맞춰 춤도 추고, 노래도 부르고, 행진도 한다. 그렇다면 음악의 존재 의미는 무엇일까? 분명 존재의 이유가 있을 것이다. 인간이 음악에 미치기도 하고, 미쳐서 음악을 만들기도 하는 걸 보면 진화 혹은 다른 무엇인가가 그냥 심심해서 재미 삼아 음악을 고안한 것 같지는 않다. 다만 음악이 사람들을 어떻게 만드는지 혹은 어떤 사람들이 음악을 하는지 살펴보면 음악이 진화의 막다른 골목이라는 생각이 들기도 한다. 튀는 행동을 보여주는 음악 천재들의 리스트는 미국 빌보드 차트 100곡보다 더 기니까 말이다.

음악은 여전히 수수께끼 같아서

살해, 약물중독, 성적 일탈…. 음악계에서 일어난 일들을 보면 일탈이란 일탈은 죄다 거기 모여있다는 생각이 든다. 음악 프로듀서 필 스펙터는 러시안 룰렛을 하던 중 (아마도 술에 취해서) 여배우 라나 클랙슨('스카페이스' '바바리언 여왕')을 사살한 혐의로 감옥에 들어갔다. 로큰롤 명예의 전당이 얼마 되지 않는 팝음악계의 천재 중 하나로 꼽았던 비치 보이스의 브라이언 윌슨('서핑 유에스에이') 은 필 스펙터가 자신을 도청하고 있다고 믿으며 몹시 두려워하였 다. 그는 스펙터가 찾아와 자신을 쏠까봐 무서워서 수년 간 실내 생활만 하기도 했다. 마약 중독, 우울증, 망상장애, 이혼, 식이장애, 집안의 학대를 딛고 살아남은 브라이언 윌슨은 일시적으로 자신의 노래 때문에 화재사고가 일어난다고 믿었다. 브라이언 윌슨 과 비치 보이스 활동을 함께 했으며 에릭 클랩튼과 함께 팝송 '라일라'를 작곡한 드러머 짐 고든은 1983년에 자신의 어머니를 칼로

찔러 살해했는데, 엄마의 목소리가 자신을 오랫동안 괴롭혔다고 법정에서 밝혔다. 집행유예로 방면해달라는 그의 청원은 2013년 거부되었다. '디 후' 그룹의 드러머로 비치 보이스를 좋아했던 키스 문의 행각은 더 황당하다. 여행 중에는 지루해서 호텔 방의 가구들을 부수었고, 텔레비전에 출연할 때는 드럼에 폭약을 채워오는 바람에 스튜디오에 온 손님인 여배우 베티 데이비스가 그 폭발음에 기절을 했고 기타리스트 피트 타운센드는 청각장애가 생겼다. 이웃에 사는 스티브 매퀸과의 중재 건으로 인해 지방검사 앞에 출두했을 당시 나치 복장으로 나타나기도 했던 키스 문은 알코올 금단 치료제 과용으로 사망했다.

음악과 음악가에 얽힌 구구절절한 사연들을 접하다 보면, 음악은 무엇보다 마약, 폭력, 성적 방종을 초래하는 파괴적인 일이라는 결론에 도달할 것만 같다. 다만 진화는 그것을 중요하게 생각했을 리가 없다. 아니면 대체 왜 음악을 고안했을까?

음악의 근원을 탐구하려면 음악이 전형적으로 인간만이 하는 활동인지를 물어야 한다. 인간에게만 음악이 있다면, 음악은 일종의 진화적 부산물로서 인간만이 가진 독특한 능력이라고 보아야 할 것이다. 가사는 가령 언어능력의 부산물이며, 음악을 들을 때 감정이 움직이는 것은 그냥 회로 고장에 불과할는지도 모른다. 즉 음악을 적이 다가온다거나 먹잇감이 등장한다거나 할 때의 여타 생물학적으로 중요한 소음과 혼동하는 건지도 모른다. 이런 견해

노라는 피아노 앞에 앉아 바흐를 연주한다.

사람들은 그런 노라를 보며 놀라고 신기해한다.

그런데, 노라는 왜 연주를 시작했을까?

그저 주목받고 싶어서?

에 따르면 음악은 그저 인간 능력을 토대로 우연히 만들어진, 전형적으로 인간적인 현상이다. 그러니까 우리가 음악을 하고 음악을 좋아하는 것은 바로 우리가 인간이기 때문이다.

하지만 노라는 동물들에게도 음악성이 있다는 것을 보여주는 증거가 아닐까? 꼭 그렇게까지 볼 이유는 없다고 말할 수도 있겠다. 노라의 인상적인 피아노 솜씨는 노라가 자라난 환경으로 설명할 수 있기 때문이다. 노라는 예술학원에서 늘상 사람들이 피아노 치는 걸 관찰하다 보니 사람들의 행동을 따라하게 되었고, 이것이 사람들의 주목을 끌었을 것이다. 고양이라고? 사람들은 신기해하며 노라를 구경하고 칭찬해주었을 게 틀림없다. 노라는 자신이 발로 하얀 건반과 검은 건반을 건드리면 주목을 끌 수 있음을 터득했고 계속 그렇게 하고 있을지도 모른다. 이런 수준을 음악이라 할 수 있을까?

이를 설명하기 위해서는 음악이 무엇인지를 물어야 한다. 학문적으로 이야기할 때 음악은 서로 다른 주파수를 가진 음의 나열이다. 이 음의 나열 중간중간 쉼이 들어가면서, 일정한 법칙과 질서를 보여준다. 이 모든 것 위에 리듬이 들어가고, 때로는 가사나 메시지도 추가된다(불타는 쓰레기통, 붐비는 교차로, 옷을 입은 듯 만 듯한 여자들이 나오는 뮤직비디오가 등장한 건 한참 후의 일이다). 이것은 음악에 대한 아주 이론적인 설명이지만, 이 같은 이론을 동물의 세계에 적용해 구조화된 음의 나열이 발견되는지 살펴볼 수 있지 않을까? 동물의 일상에서 음악이 모종의 역할을 하는지 여부를 알아보는 것은 그리 어렵지 않다. 음악은 일상이다. 음악의 일상 에서는 10대들이 몇 시간 동안 연거푸 돌려듣는 아이돌의 노래도 있고, 동시대인이라면 누구나 아는 유행가도 있으며, 번번이 라디 오에서 흘러나오는 추억의 팝송도 있다. 이것이 음악이다. 하지만 취향은 가지각색이다. 인도에서 인기 있는 노래가 유럽에서 반향 을 얻지 못하는 건 자연스런 일이다. 음악이 지역적 현상이고, 취 향의 문제라는 것을 확인하기 위해서는 해안마을의 뱃노래와 도 회의 대형 맥줏집에서 흘러나오는 음악을 비교하는 것만으로도 충분하다. 동물의 세계에도 그와 비슷한 일이 있을까?

바다의 히트송 제조기들

뱃사람들을 노래로 유혹해 물에 빠뜨린 뒤 죽음에 이르게 했다는 전설 속의 세이렌. 오디세우스는 배의 돛에 스스로의 몸을 결박하게 하고, 선원들의 귀를 왁스로 봉인하는 식으로 세이렌의 노래에 저항했지만 쉽지 않았다. 오늘날 대중을 유혹하는 가수들의 노래를 이 세이렌의 외침으로 해석하는 사람들이 있다. 그러므로 이런 매혹적인 노래가 황금 레코드로 제작되어, 보이저 호에 실려 먼 별로 여행을 떠났다는 것은 놀랄 일이 아니다. 우주의 외계 생명체에게 지구의 노래를 들려주기 위해서다. 그 레코드에는 우리 모두 알고 있는 유행가와 향수를 불러일으키는 추억의 팝송들 외에도 지구 각 지역을 대표하는 히트곡들이 실렸다. 이뿐 아니다. 바다 깊은 곳에서 나오는 사운드도 함께 실렸다(바다 깊은 곳에도 가수가 있단 말인가?).

바다 깊은 곳에 있는 가수들은 몸길이 11~15미터에, 무게가

20~30톤에 달하며, 거의 모든 대양에 서식한다. 몸집은 매우 비대하지만, 수중 곡예사이기도 해서 멋진 점프를 선보인다. 바로 혹등고래다. 혹등고래는 가장 음악성이 뛰어난 동물로 여겨진다. 그들의 노래는 휘파람 소리와 외침 같은 것이 섞인 복잡한 형태다. 150~8,000밀리초 길이의 개별적인 음이 15초 길이의 구로 결합되며, 이 구가 반복되어 최대 2분까지 이르는 테마를 이룬다. 한 곡은 최대 10개 정도의 테마로 구성되어, 약 12분이면 곡이 끝난다. 그러나 혹등고래는 몇 시간 동안 같은 노래를 여러 차례 반복적으로 듣는 10대와 비슷해서, 같은 노래를 꽤 오래 반복한다. 연구자들에 따르면 그 기록은 21시간에 이른다. 그 시간 동안 한 고래가 같은 곡을 줄기차게 불러대는 것이다.

혹등고래들의 노랫소리는 지역마다 다르다. 하와이의 고래 히트송 리스트는 호주와 다르며, 카리브 해의 혹등고래는 지중해의 혹등고래들과 다른 노래를 따라 부른다. 고래의 히트곡들은 인간의 히트곡 리스트와 비슷하다. 최고 인기곡은 빠르게 바뀌며, 어떤 곡이 히트를 하면 그 지역의 모든 고래가 따라 부른다. 부분적으로는 순서가 좀 달라지고, 약간의 개인 차가 있기는 하지만 말이다(그런 곡은 '커버 버전'이라고 부른다). 고래들에게도 유행가가 있고 추억의 팝송도 있다. 교미기가 시작되면 새로운 히트곡이 부상하기 전에 지난 시즌의 먼지 묻은 곡들을 꺼내 음을 맞춘다.

당신만을 위한 드럼 솔로

혹등고래들만 노래할 줄 아는 건 아니다. 호주의 까마귀과 새인 파이드 버처버드도 음악성에 있어서는 빠지지 않는다. 영어로 이 새는 푸주한(정육점 주인, 도살업자)이라는 이름을 가지고 있다. 나중에 먹기 위해 먹잇감을 나뭇가지나 가시 꼬챙이에 꿰어놓는 이상한 습성 때문에 그런 이름을 갖게 되었다. 이런 습성은 귀여운 새들에 대한 우리의 표상에 어울리지 않는다. 하지만 연구자들의 말에 따르면 푸주한 새들은 음악가들에 대한 우리의 표상은 만족시킨다. 베리에이션, 즉흥곡, 다이내믹한 교대, 프레이즈의 반복…. 푸주한 새들은 연습도 하고, 나아가 워밍업까지 한다. 정말이지 좋은 음악가에게 기대되는 행동을 선보이는 것이다. 푸주한 새들은 다른 새들의 낯선 소리를 듣고 영감을 받아 그것을 자신의 레퍼토리에 끼워넣기도 한다. 물론 푸주한 새들이 조류 중 유일한 가수는 아니다. 굴뚝새는 반음계로 노래를 하고, 갈색 지빠귀는 5

음계로 노래한다. 새들은 캐넌을 알고 있다. 묻고 답하는 형식 말이다. 야자잎검은유황앵무새는 나뭇가지를 잘라 북채를 만들어 그것으로 자신이 흠모하는 짝 앞에서 우묵한 나무 둥치를 북처럼 쳐댄다. 일종의 록콘서트와 비슷하다고 할까?

그럼에도 새들이 정말로 인간적인 의미에서의 음악을 하느냐 하는 문제에 대해서는 논란이 분분하다. 그렇다고 말하는 연구자들도 있고, 그렇지 않다고 부인하는 연구자들도 있다. 질문 자체가 잘못된 것인지도 모른다. 그 질문은 인간의 작곡 원칙에 복종하는 음악만이 음악이라는 것을 전제로 하기 때문이다. 하지만 음악이 왜 꼭 그래야만 하는가?

동물들이 작곡한 몇몇 곡은 인간의 유행가처럼 들리지는 않는다. 온라인 마켓에 고래의 노래라고 입력하면 300개 넘는 상품이 뜨기는 하지만 말이다(혹등고래 피겨와 음악이 나오는 고래 모양의 초록색 편물시계도 뜬다). 하지만 이것은 기껏해야 음악이 매우 주관적이라는 걸 보여줄 뿐이다. 그렇지 않은가? 최소한 음악이 성립되기 위한 몇 가지 요건은 논란의 여지가 없다. 가령 단2도 음정 같은 것 말이다. 단2도는 극도로 불쾌한 음정이다. 반음 차가 나는 두 음이 화음을 이루면 인간의 귀에는 굉장히 불쾌하게 들린다. 인간의 귀에만 그런 것이 아니다. 간단한 실험에서 침팬지에게 음악을 선택하게 했더니, 단2도 같은 불협음정이나 불협화음이 없는 조화로운 화음의 음악을 우선시했다. 새나 병아리들을 대상으로 한 실험도 마찬가지였다. 이들은 불협화음 대신 조화로운 화음을 선호했다. 금붕어 역시 음악과 소음 중 하나를 고를 수 있도록 하자 음악을 선호했다. 유일한 예외는 타마린 원숭이였다. 타마린 원숭이는 침팬지와 달리 어떤 음악이나 음정이 연주되든 상관하지 않았다. 한편 침팬지는 서양음악은 그리 좋아하지 않는 것으로 나타났다. 실험에 따르면 침팬지는 인도와 아프리카 음악을 더 좋아했다. 하등 이상할 게 없다. 그들에게도 취향이 있을 테니, 모두가 현대음악을 좋아한다면 그게 더 부자연스럽지 않겠는가?

비둘기도 음악 스타일을 안다

확실히 동물들도 음악을 분간하는 듯하다. 비둘기들에게 최소한의 훈련을 시킨 후 실험을 한 결과, 클래식 작곡가를 구별해낸 것이다. 비둘기들에게 바흐 음악과 스트라빈스키의 음악을 연주해준 뒤 바흐가 들려올 때는 오른쪽 단추를, 스트라빈스키가 들려올 때는 왼쪽 단추를 부리로 쪼도록 가르쳤다. 그러자 그들은 바흐와 스트라빈스키를 탁월하게 구분해냈다. 그쯤이야 식은 죽 먹기라고?

그렇다면 바흐 음악과 비슷하게 들리는 바로크 작곡가들의 음악도 그런 식으로 분간해낼 수 있을까? 가령 바흐는 디트리히 북스테후데를 흠모했고, 작곡가 엘리엇 카터는 스트라빈스키의 영향을 받았다. 그래서 바흐 음악은 북스테후데 음악과 분위기가 비슷하고, 카터 음악은 스트라빈스키를 연상시킨다. 그러므로 당신이 북스테후데와 카터를 모르더라도 그들의 음악을 각각 바흐 음

새들도 따로 선호하는 음악이 있다.
'음, 이 음악은 우리 편의 노래고,
저 소리는 적들이 공격하는 신호군.'

악 또는 스트라빈스키 음악으로 분류할 수 있지 않겠는가? 비둘기들은 그렇게 할 수 있었다. 그들은 북스테후데가 연주되면 오른쪽을, 카터가 흘러나오면 왼쪽을 쪼았다. 그러니 현대음악도 어찌 분간하지 못하랴.

이것은 인간뿐 아니라 동물들 역시 특정 음악 혹은 음의 조합을 불쾌하게 여긴다는 것과 관계가 있을지도 모른다. 가령 불쾌한 음은 다가오는 위험을 암시할 수도 있다. 무슨 소리가 들리는데, 내면의 음악선생이 이 소리가 단2도 음정임을 판정해주는 것보다 빠르게, 소뇌가 폴짝 작동하여 지금 마음이 불쾌한 것은 무엇인가 꽤나 불순한 것들이 우리 뒤를 쫓고 있기 때문임을 알려준다. 육식공룡, 검치호, 세관, 또는 그와 비슷한 것들 말이다. 인간 어른과 동물뿐 아니라 신생아와 유아도 불협화음보다 화음이 아름다운 음악을 선호한다. 이 같은 사실은 우리가 조화로운 음정을 선호하는 게 살아가면서 그런 음악을 듣는 데 익숙해졌기 때문만은 아님을 보여준다.

음 높이도 중요하다. 낮은 주파수의 음이 들리면 왠지 커다란 크기의 신체가 연상되고 위험한 느낌이 감지된다. 반면 높은 주파수의 음은 가볍고 굽실거리는 듯한 느낌이 난다. 영화 〈조스〉의 사운드트랙이 피콜로로 연주되지 않은 건 바로 이런 이유다.

실험결과 새의 노래는 자기 무리와 구역을 방어하는 데 활용된다는 사실이 암시되었다. 가령 새 한 마리를 기존 구역에서 멀리 떨어뜨려 놓을 경우, 별다른 장애가 없는 한 이 새는 금방 동료들의 부름을 받고 자기 구역으로 재빠르게 돌아가 버린다.

인간 역시 무리를 결속시키고 적에게 겁주는 데 음악을 활용해 왔다. 가령 전쟁터에서 북이나 징, 백파이프를 울려대면서 말이다. 1차 세계대전에서도 백파이프 연주자들이 전쟁터에서 상대 진영의 소름을 돋게 했다. 멀리 갈 것도 없다. 축구 시합에서 불리는 응원가만 생각해도 그 효과를 알 수 있을 것이다.

사회적인 패스워드로서의 음악

음악의 기능은 적의 침입을 경고하고 사기를 꺾는 데만 머물지 않는다. 음악은 정반대의 일에도 사용되기 때문이다. 몇몇 연구자들은 음악이 일종의 사회적인 패스워드라고 말한다. 즉 음악이 어떤 무리나 집단에 소속해 있음을 확인하고 보장하고 결속감을 강화시켜 주는 구실을 한다고 말이다. 집단을 뭉치게 하고 단합을 꾀하는 사회적 접합제로서 기능한다는 것이다. 밴드를 해본 사람, 팬들끼리 모여 좋아하는 아이돌의 노래를 숨가쁘게 불러본 사람, 혹은 오색테이프로 장식한 술집에서 모두 함께 흘러간 옛 노래를 목청껏 뽑아본 사람은 무슨 말인지 이해할 것이다. 이로써 우리는 음악이 가진 사회적인 요소에 당도하게 된다.

음악이 지닌 사회적 요소를 언급할 때 가장 먼저 떠오르는 견해는(게다가 음악가들에 대한 뒷담화에서 가장 자주 언급되는 소재가 바로 섹스에 대한 이야기인 마당에) 음악이 성 선택에 주된 역할을 한

다는 점이다. '가장 큰 목소리로 노래하는 놈이 예쁜 계집을 얻는다.' 물론 우리 가요계의 현실로 이 오래된 전언을 확증할 수는 없지만 말이다. 확실한 건 밴드의 노래로 암컷 새들을 유혹할 수 있다는 사실이다. 게다가 확성기로 (동물의) 음악을 살포하면 둥지짓기 활동이 촉진되는 것으로 나타났는데, 여기서는 복잡한 음악이 더 효과적이었다. 대부분의 젠틀맨(신사)이 음악가라는 건 놀랍지도 않다. 동물계든 인간 사회든 예외는 있지만 말이다. 이 모든 것에 댄스를 곁들이면 더욱 풍성할 텐데, 실제로 금조라는 새는 그렇게 한다. 금조는 흠모하는 암컷들 앞에서 노래를 선보일 뿐 아니라 노래에 맞추어 다양하고 적절한 댄스를 구사한다. 금조의 노랫소리만으로도 그의 댄스 스텝을 예측할 수 있을 정도다. 우리로 말하자면 '디스코'쯤 되는 셈이다.

자, 그렇다면 리듬은 어떨까? 리듬은 인간만이 지닌 것일까? 인간만이 북을 사용하는 걸까? 그럴 리가. 침팬지도 나뭇가지를 꺾어 줄기를 두드린다고 하지 않았는가. 고릴라들은 그들의 가슴을 두드린다. 그럼 바다사자들은? 그들은 헤드뱅어(록음악의 열성 팬으로 록음악에 맞추어 머리를 흔드는 사람을 일컫는 말—옮긴이)들이다.

템포에 맞춰
춤을 추는 바다사자

'헤드뱅어'는 음악에 열광하는 형식 중 하나다. 물론 부드러운 사람들이 하는 짓은 아니다. 헤드뱅잉이란, 리듬에 맞추어 고개를 아주 거칠게 흔드는 것을 말한다. 앞뒤좌우로 마구 흔들고 혹은 돌리기도 한다(긴 머리를 이리저리 나부끼게 하면 가장 좋을 것이다). 하드록그룹 레드 제플린의 팬들이 최초의 헤드뱅어들이었다. 1968년 레드 제플린의 콘서트 때 이들은 머리를 무대 가장자리에 마구 부딪쳐가며 음악을 들었다(그래서 아마도 '뱅'이라는 말이 나왔던 것 같다). 누구도 이런 행위에 특별한 의미가 있다거나 건강에 좋다고 주장하지 않는다. 다만 이것은 그리 나쁘지 않은 신체적 표현 형식이다. 무엇보다 로난처럼, 그외 다른 신체를 사용해 리듬에 맞춰 춤출 마땅한 방법이 없을 때는 말이다.

로난은 바다사자다. 이 캘리포니아 바다사자가 음악에 맞추어 리드미컬하게 신체 표현을 할 방법은 제한적이다. 지느러미 치기,

꼬리지느러미 치기, 머리 흔들기 정도가 가능할까? 그러므로 그가 리듬을 즐기고자 한다면, 헤드뱅어가 될 수밖에 없다. 실제로 그는 그렇게 한다. 로난은 음악에 맞추어 머리를 위아래로 흔들어댄다. 로난은 특히 '어스, 윈드 앤 파이어'를 좋아한다. 그 그룹의 베이시스트인 버딘 화이트도 로난의 그루브에 대해 아주 열광한다. 화이트는 로난이 그룹에 조인하자마자 그룹 이름을 '어스, 윈드, 파이어, 앤 워터'로 개명하는 게 어떨지 고민 중이라며 로난이 새 앨범에 대해 어떤 반응을 보일지 궁금하다고 말했다.

로난은 백스트리트 보이즈의 '에브리바디'와 존 포거티의 노래도 좋아한다. 기분을 내면 전염된다. 로난은 세 살이다. 로난을 돌보는 산타크루즈 캘리포니아대 심리학과 연구자들은 로난을 헤드뱅어로 만들기 위해 굉장한 노력을 했다. 사랑해주고, 물고기도 더 많이 줬다. 그리하여 그들은 로난이 정말로 리듬을 이해하고, 그것을 뱅잉에 활용한다는 것을 보여줄 수 있었다. 로난의 머리 흔들기는 연주되는 음악의 템포에 따라 달라진다. 바다사자들은 리듬이 뭔지를 안다. 그들에겐 그루브가 있다.

춤의 신동 스노볼,
동료들의 생계를 책임지다

스노볼도 리듬을 이해한다. 스노볼은 로난처럼 이미 인터넷에서 유명세를 타고 있다. 연구자들은 인터넷에서 백스트리트 보이즈의 '에브리바디'에 맞추어 춤을 추는 신동을 발견했다. 마이클 잭슨의 노래에 맞춰 그에게 바치는 춤도 프로그램에 들어있다. 전 세계 연구자들이 그를 잡으려고 난리가 났다는 게 스노볼의 매니저 이레네의 설명이다.

이레네는 어느 날 자신의 문 앞에서 스노볼을 발견했다. CD 한 장과, 스노볼이 이 CD에 수록된 곡(물론 '에브리바디'였다)을 특히 좋아한다는 메모와 함께였다. 메모를 확인한 이레네가 CD를 재생시키자 스노볼은 흥분해서 춤을 추기 시작했다.

"다른 새들이 춤추는 것도 보았지만, 스노볼이 최고예요." 이레네는 말한다. 스노볼은 랩은 좋아하지 않는다. 발라드도 딱히…. 스노볼은 폴카, 독일 폴카를 좋아한다. 연구자들은 스노볼에게

같은 음악을 속도를 달리해 틀어주면서 관찰했다. 그 결과 스노볼이 속도에 맞추어 움직이는 것을 확인하였다. 결론은 앵무새 스노볼은 춤을 출 수 있다는 것이다! 그는 스텝과 동작을(오늘날로 말하자면 'moves'라고 해야 할 것이다) 음악의 템포에 맞춘다! 스노볼은 오래 전에 텔레비전 스타가 되었고, 한 프랜차이즈 레스토랑의 광고모델로도 활동하고 있다. 이 재능으로 동물보호소에서 함께 거주하는 동물들의 생계를 책임진다. 스노볼도 로난과 마찬가지로 리듬이 무엇인지를 알고 있는 것이다. 하지만 무엇 때문에 그런 걸 느끼는 걸까?

리듬을 맞추라고, 리듬을…

연구자들은 다시금 이런 능력이 짝짓기에 도움을 주지 않을까 논하고 있다(학자들은 거의 특정 주제에 꽂혀있는 듯하다). 그들은 리듬 감각이 잠재적 짝짓기 파트너의 특정 뉴런을 자극할 수 있다고 본다. 간단히 말해 북을 잘 치는 건 진화적으로 볼 때 더 나은 자연 선택으로 작용한다는 것이다. 리듬은 (최소한 인간에게는) 언어 습득과 관계가 있을 것으로 보인다. 리듬이 언어의 중요한 요소이기 때문이다. 그러나 스노볼이나 로난과 같은 동물들의 예를 보면 리듬 감각은 오로지 인간이 언어를 배울 때만 소용되는 능력은 아닌 듯하다. 물론 스노볼과 로난이 예외적인 존재들이긴 하지만 말이다. 학자들은 유튜브를 뒤져서, 대체 어떤 동물들이 춤을 추며, 정말 제대로 춤을 추는지 학문적인 방법으로 평가했다. 그 결과 제대로 춤을 추는 동물은 보통은 앵무새뿐인 걸로 나타났다. 인간의 기준으로 볼 때 춤이라 할 수 있는 춤 말이다.

우리에게 왜 리듬이 있는 걸까에 대해 꽤 일리 있는 해석 중 하나는 단순한 관찰에서 비롯된다. 가만히 보라. 누군가와 함께 거리를 걸어갈 때 우리는 걸음걸이를 맞추는 경향이 있지 않은가? 그러니까 리듬 있게 걷는 경향이 있다. 왜 그럴까? 여러 동물을 관찰하면 그들이 동작을 서로 맞추는 경향이 있는 걸 확인하게 된다. 이런 행동은 어떤 유익이 있을까? 유익은 명백하다. 같은 리듬으로 움직이면, 매 동작 사이에 휴지기가 생기고, 그런 휴지기에 주변에 귀를 기울일 수 있다. 위험을 더 잘 피할 수 있는 것이다. 모두 제각각 움직이면, 소음이 그치지 않는 상태가 되어 주변의 소리를 제대로 못 듣는다. 반면 같은 리듬으로 움직이면, 움직임의 '여백'이 생기고 주변에서 무슨 일이 일어나는지 더 잘 살필 수 있다. 그 결과 생명을 구할 수 있게 된다. 진화는 리듬을 중시하고, 리듬이 두뇌의 보상시스템을 자극하게 만들었을 것이다. 리듬을 느끼면 기분이 좋아진다. 그리고 기분이 좋아져서 주변 동물들과 더 조화를 맞춰서 움직이면, 이런 행동은 인간이 캠프파이어에서 음악에 맞춰 춤을 추는 행동과 그리 멀지 않게 된다. 마을축제나 뮤지컬과도 지척이다.

노래하는 고래, 춤추는 앵무새, 기타 음악성이 있는 동물들을 보면, 재즈 공연에 목을 매는 인간과 동물이 별반 다르지 않은 듯 느껴지기도 한다. 그럼에도 많은 학자들은 소리 지르고, 꾸르륵거리고, 삐리릭대는 동물들의 행위를 음악으로 해석하는 것에 대해 경고한다. 인간적인 의미의 음악으로 해석하려는 경향에 대해 말이다. 만일 동물들이 (인간과 비슷하게) 차트에 기적을 일으킬 만한 음악을 할 것이라 기대한다면, 다시금 투사의 함정에 걸려든 셈이다. 그러므로 인간의 음악과 동물의 소리 사이의 차이를 살펴본다면, 인간 음악의 본질이 무엇인지 더 잘 알 수 있지 않을까? 우리는 음악이 무엇인지를 묻기보다 음악이 그것을 듣는 사람에게 어떤 작용을 하는지 물어야 한다. 음악은 우리에게 어떤 작용을 하는 것일까? 좀 더 구체적으로 모차르트는 우리에게 어떤 의미가 있을까?

모차르트의 찌르레기

볼프강 아마데우스 모차르트는 1756년 1월 27일, 잘츠부르크의 방 세 개짜리 아파트에서 태어났다. 이 가정에서 태어난 일곱 남매 중 단 둘이 살아남았는데, 모차르트와 그의 누나가 바로 그들이었다. 모차르트는 네 살 때 이미 아버지에게서 음악 수업을 받았고, 다섯 살 때 첫 작품을 작곡한 신동이었다. 그 뒤 인생 여정은 잘 알려져 있다. 모차르트는 세계적 명성을 얻었고, 그의 초상은 옛날 동전에 등장하기 시작한 이래 오늘날 2유로짜리 동전과 우표, 수많은 초콜릿과 군것질거리에 이름과 함께 새겨져 있다. 모차르트의 음악은 그를 불멸의 존재로 만들었다. 그런데 학계에서 특히나 이름을 날린 작품이 있으니, 바로 모차르트의 소나타 K448이다.

두 대의 피아노소나타 K448은 정말로 신기한 능력을 지닌 듯하다. 이 소나타는 작품을 듣는 인간의 정신 능력을 향상시킨다.

K448을 들으면 계산도 더 잘하게 되고, 공간 상상력도 향상되고, 심지어 간질 환자와 알츠하이머 환자는 증상이 한결 경감된다. 학계에서는 이런 효과를 '모차르트 효과'라는 이름으로 부른다. 아, 참! 쥐들도 모차르트에 반응한다.

학자들은 갓 태어난 쥐들에게 음악(물론 K448을 말이다)을 들려준 뒤 그들로 하여금 미로를 통과하게 했다. 그랬더니 모차르트 쥐들이 이 음악의 세례를 받지 못한 쥐들보다 더 빨리 미로를 통과해내는 게 아닌가. 필립 글래스의 미니멀 음악으로는 그런 효과가 나타나지 않았다. 그러므로 모차르트를 진정한 천재라고 부를 만하다. 다른 연구들을 살펴보아도 동일한 결과가 확인된다. 모차르트를 들으면 똑똑해진다.

어쩌면 아닐지도 모른다. 그도 그럴 것이 위에 소개한, 쥐들을 대상으로 한 연구는 격한 비판을 받았다. 쥐들은 귀머거리로 태어나는 데다 소나타 K448의 많은 음은 쥐들의 가청 주파수 영역 밖에 있다는 게 비판자들의 논지다. 음악과 지능에 대한 다른 연구들 역시 의미 있는 결과를 도출해내지 못했다. 다시 말하자면 모차르트 효과의 진실성 여부는 여전히 논란이 분분한 문제다. 연구들은 최소한 모차르트가 쥐들의 심혈관계에 영향을 미친다는 점은 보여주었다. 모든 음악에서 추정할 수 있는 효과이자 인간에게도 적용되는 효과다. 실험결과 음악이 인간의 기분을 좌우하듯 침팬지에게도 동일한 작용을 하는 것으로 나타났다. 가령 파바로티

보다는 이지리스닝 음악(엔야 혹은 도리스 데이)이 수컷 침팬지들을 더 편안하게 만들어 되도록 갈등을 빚지 않으려는 행동으로 유도했다. 다만 이러한 영향은 주로 수컷들에게서 나타났다. 강아지와 말을 대상으로 한 또 다른 연구 역시 음악이 장르에 따라 동물에게 다양한 영향을 끼칠 수 있음을 보여준다. 동물들은 음악을 듣는다. 그리고 반응한다.

하지만 동물들이 인간적인 의미에서 음악을 즐길까? 인간 음악과 동물 음악은 얼마나 밀접한 관련이 있을까? 마지막으로 다시 한 번 모차르트 음악을 들어보자. K448 말고 K453, 피아노협주곡 17번 G장조 말이다. 모차르트가 그것을 작곡했다. 과연 그랬을까? 전문가들은 약간 미심쩍어 한다. 모차르트가 이 작품을 완성한 후 한 달 뒤 찌르레기를 샀기 때문이다

흰점 찌르레기는 19~22센티이고, 세계에서 가장 흔히 볼 수 있는 새 중의 하나다. 찌르레기는 다른 소리를 모방하기 좋아하는 것으로 알려져 있다. 동물이 내는 소리, 개 짖는 소리, 잔디 깎는 기계 소리, 기차역에서 역장이 보내는 출발신호 소리…. 덴마크 조류학회에 따르면 언젠가 찌르레기가 역장의 출발신호 소리를 흉내내는 바람에 기차 한 대가 제시간보다 빠르게 출발한 적이 있었다. 그리고 영국 조류보호협회에 따르면 찌르레기가 요즘 여성들에게 점수를 따고 있단다. 핸드폰 울리는 소리를 흉내낼 수 있기 때문이라나? 찌르레기가 흉내내지 못하는 소리는 거의 없다.

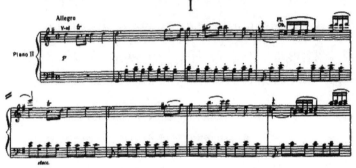

W. A. MOZART
CONCERTO in G Major
for Piano and Orchestra, K 453
I

모차르트 피아노협주곡 K453 악보.

　피아노협주곡도 예외는 아니다. 최소한 피아노 콘체르토 K453
은 흉내낼 수 있다. 정말이다. 모든 찌르레기가 그런 건 아니겠지
만, 모차르트가 1784년 5월, 즉 피아노협주곡 K453을 완성한 지
한 달 만에 구입한 찌르레기는 그랬다. 금전출납부에 모차르트는
그 찌르레기를 사는 데 지불한 가격뿐 아니라 17개의 음표로 이루
어진 하나의 악절을 기록하고 있다. (사장조(G장조) 대신) 올림 사
장조인데, 세 개의 앞꾸밈이 모차르트 피아노협주곡 K453 마지
막 소절 첫 부분과 동일하다. 모차르트도 여기서 누가 누구를 표
절했는지 확신하지 못했던 것 같다. 결국 그때까지 모차르트 외에
K453의 선율을 아는 사람은 아무도 없었던 것이다. 새가 주인의

음악을 엿듣고, 새로운 작품의 피날레를 지저귀면서 빈의 골목을 유유히 누볐던 것일까? 학자들은 그럴 수 있다고 본다. 찌르레기라면 충분히 그럴 수 있다고 말이다. 학자들은 실험에서 찌르레기들로 하여금 짧은 시간에 '나중에 만나' 또는 '기초연구'라는 단어로 인사하도록 훈련시키는 데 성공했다. 아니면 모차르트가 찌르레기의 노래를 듣고 무의식중에 이것을 카피한 것일까? 이런 가능성을 점치는 사람들은 K453의 선율이 독일의 옛 민요와 비슷하다고 지적한다. 찌르레기가 먼저 그 민요를 습득했고, 모차르트도 카피했을 수 있다.

새들에게 노래를 가르치는 것은 그리 독특한 일이 아니다. 영국의 성악가이자 작곡가였던 조지 이시도어 헨셀(1850~1934) 경은 피리새에게 '신이여 여왕을 구하소서'를 가르쳤다. 그것만 해도 놀라운 일이다. 그런데 더 놀라운 일은 성악 수업을 받지도 않은 옆방의 카나리아가 그 노래를 완벽하게 불렀다는 사실이다. 게다가 피리새는 너무 일찍 그만두거나 너무 오래 휴식을 하는데 반해 카나리아는 멈추지 않더라는 이야기는 자못 흥미롭다. 음악 콩쿠르가 지척이다.

저작권을 모르는 새들

모차르트나 헨델의 시대에는 귀엽게 봐주고 넘어갈 일이 오늘날에는 법적인 문제로 비화될 수 있다. 찌르레기가 모차르트를 표절했을까, 아니면 모차르트가 찌르레기를 표절했을까? 쓸데없는 얘기 작작 하라고? 초현실주의자 쿠르트 슈비터스의 음악도 찌르레기 소리와 유사하게 들린다. 그런데 슈비터스의 악보를 출간하는 출판사는 몇몇 찌르레기를 상대로 법정 소송을 하려고 했다. 슈비터스의 음악은 사람들에게 친근감을 주기 힘들다. 익숙해지려면 시간이 걸린다. 그의 대표작 '원음 소나타'는 말로 이루어진 오페라로 대략 붐붐스 베테 테제 우, 리제케테 베베에, 라케테 베베체, 뵈뵈 같은 식으로 들린다. 누구나 좋아할 만한 곡은 아니다.

찌르레기는 아마도 슈비터스의 곡을 좋아했던 듯하다. 콘셉트 예술가 볼프강 뮐러가 1997년 몰데 피요르드 해안의 작은 섬인 헤르토야 섬을 방문했을 때, 그곳 찌르레기들의 노래를 듣고 매우

놀랐다. 운 좋게도 녹음기를 가져갔으므로, 그는 헤르토야 섬 찌르레기들의 노래를 녹음해올 수 있었다. 본래 뮐러는 슈비터스가 생전에 여름마다 머물곤 했던 별장을 돌아보고자 그 섬을 방문한 터였다. 하지만 별장은 형편없이 허물어져 있었다. 슈비터스의 영혼만이 여전히 섬을 맴돌았을 뿐이다. 찌르레기들이 슈비터의 '원음 소나타'를 지저귀고 있었던 것이다. 집으로 돌아온 뮐러는 '하우스뮤직, 헤르토야 섬의 찌르레기들이 쿠르트 슈비터스를 노래하다'라는 이름의 전시를 준비했다. 여기에 슈비터스가 머물던 별장의 사진과 찌르레기 노래가 담긴 CD를 판매한 것이다.

이 전시가 법적 소송으로 불거졌다. 뮐러는 두몽트 출판사를 대리해 쿠르트 슈비터스의 작품 저작권을 관리하는 구스타프 키펜호이어 뷔넨페어트립스 사로부터 우편물을 받았다. 누구의 허락을 받고 슈비터스의 창작물이 담긴 CD를 유통시키느냐는 내용이었다. 찌르레기들이 슈비터스가 여름을 보낸 곳에서 음악을 듣고 그 소나타를 배웠을 것이라 추정된다면서, 저자권자에게 로열티(인세)도 지불하지 않고 찌르레기의 노래를 CD로 구워 돈벌이를 해도 되느냐고 따졌다. 소송의 결과가 어떻게 됐을까? 짧은 편지가 몇 번 오간 뒤 출판사는 더 이상 찌르레기의 지저귐을 문제삼지 않기로 했다. 그러니 만일 당신의 앵무새가 '렛잇비'를 노래할 줄 안다면, 당신은 이론적으로 부자가 될 수 있다.

미래의 음악은 바이오 음악?

이런 이야기들은 앞으로 음악이 갈 길을 암시해준다. 핵심어는 바이오 음악! 자연의 소리를 가지고 음악을 하는 것 말이다. 실험적 팝 음악은 1960년대부터 이미 이를 꾸준히 선보였다. 가령 핑크플로이드의 곡 '시무스'에는 개 짖는 소리가 나온다. 이 블루스 곡의 가사는 부엌문 앞에 앉아서 노을을 보고 우는 강아지에 대한 것이다. 물론 강아지의 울부짖음은 음악성의 표현이라기보다는, 그 곡에서 연주되는 마우스하모니카의 주파수에 대한 반응일 것이다. 강아지의 귀에는 이 마우스하모니카 소리가 굉장히 불쾌하게 들릴 거라고 보는 사람이 많다.

이제 정리를 해보자. 경고로서, 사회적 접합제로서, 낭만적인 약속이나 명백한 성적 자극으로서…. 음악은 진화적 기능을 지닌 듯하다. 분명 실수로 생긴 건 아닐 게다.

어느 음악이 어떤 기능을 수행하는지 또는 어느 음악이 마음에

들고 안 드는지, 어느 것을 음악으로 여길 수 있을지 등등은 너무 편협한 질문이다. 음악은 우리가 차트에서 선택할 수 있는 것 이상이다. 음악은 우리 인간이 이해하는 것 이상이다. 그리고 어떤 음악가들은 동물이 음악을 이해한다고 믿는다. 가령 작곡가 이고르 스트라빈스키는 "내 음악은 어린이와 동물들이 가장 잘 이해한다"고 말하지 않았는가.

4장

쇼
핑
퀸의
탄생

최소비용으로 최대효과를!

행운을 안은 후보의 이름은 니나였다. 그녀는 빨간색 야회복에 하이힐, 핸드백을 선택했다. 팔과 손과 목의 문신이 룩과 멋지게 어울린다는 게 귀도의 평이다. 귀도. 독일 텔레비전 쇼프로 '쇼핑 퀸'의 진행자이자 심사위원을 맡고 있는 패션디자이너 귀도 마리아 크레추머 말이다. 니나는 해냈다. 자신의 룩으로 2013년 쇼핑 퀸으로 선정되어 왕관과 세계 패션도시 뉴욕 2인 동반 여행권, 뉴욕 패션위크 티켓, 1,000유로의 쇼핑 머니를 받았다.

　텔레비전 방송 '쇼핑 퀸'은 재밌고 단순하다. 매주 다섯 명의 여성이 5일에 걸쳐 나오는데, 그들의 과제는 주어진 돈으로 주어진 주제에 따라 감각 있고 우아한 스타일을 연출하는 것이다. 모든 참가자와 귀도가 각각의 '아웃핏'을 평가하고, 가장 높은 점수를 딴 여성이 쇼핑 퀸으로 등극한다. 리얼리티 쇼라 불리는 이런 프로그램을 교양 없는 방송이라 싸잡아 비웃기 전에 그 규칙을 한번

살펴보기로 하자. 참가자들은 X라는 고정 금액으로만 꾸려나가야 한다. 최소비용으로 최대효과 창출하기, 영어로 말하자면 more bang for the buck(투자 대비 최대 효과를 얻는 것)이다.

물론 모두가 이 원리를 알고 있다. 처음 용돈을 받을 때부터 이 훈련은 시작되니까. 1,000원의 용돈을 들고 슈퍼마켓에 가서 어떻게 하면 가장 의미 있게 지출할 수 있을지를 고민한다. 아이스크림을 살까, 초콜릿을 살까? 또는 둘 다 살까? 둘 다라면 어떤 비율로 살까? 400원으로 초콜릿을 사고, 600원으로 아이스크림을 살까? 아님 반반씩? 이 문제는 일생 동안 우리를 따라다닌다. 우리는 주어진 수입과 한정된 돈으로 (경제학자들은 이를 예산이라 부른다) 살아가야 하며 이 예산을 우리가 필요한 것, 원하는 것에 어떻게 능숙하게 분배할 것인지 생각해야 한다.

경제 전문가들은 '예산이론'이라는 이름으로 이런 문제를 연구한다. 단순한 문제를 복잡하게 표현하는 데 단연 일등인 경제학자들이 이 문제를 어떻게 설명하는지 한번 들어보자.

효용 극대화를 위해 (…) 개개인은 두 재화 사이의 심리적인 교환비율(한계 대체율)이 두 재화를 교환할 때의 비율과 같아지는 만큼의 (…) 재화를 구입하게 된다.

이런 난해한 말을 소화하기 위해서는 시간과 여유가 필요하다.

더구나 이 언어들이 무슨 공식이나 그래프로 장식되어 있다면 말이다. 게다가 이 이론을 이해한다 할지라도, 누가 그런 걸 믿겠는가? 무엇보다 누가 딱딱한 공식에 의거해 행동하겠는가?

그렇게 행동하는 자를 우리는 텍사스에서 찾을 수 있다. 텍사스 A&M 대학교와 워싱턴 대학교 동물 실험실. 그곳 삭막한 복도와 네온사인 아래 줄지어 늘어선 우리에서 존 H. 카겔과 레이먼드 C. 바탈리오, 레오나드 그린은 미시경제학자들의 기본개념을 가지고 리얼리티 테스트를 한다. 경제학자들의 생각이 정말로 삶에서 확인될까? 다만 주요 피실험자들은 가죽이나 깃털을 가지고 있다.

이들 세 연구자는 기본적인 경제원칙을 테스트할 수 있는 가능성을 동물이 제공해준다고 이야기한다. 실험을 반복하고 관찰하고 변화시킬 수 있으며, 실험대상자들(동물들 말이다)에게 상벌을 줄 수 있다. 많은 조치는 법정에 가거나 언론에 보도될 각오를 하지 않는 이상, 인간 실험대상자들을 데리고는 할 수 없는 것들이다. 가령 연구자들은 그들의 피보호자들이 배가 고프면 일을 더 많이 하는지를 테스트한다. 사료 통이 비어있을 때 더 많은 리스크를 무릅쓰는지, 사회복지기관의 보조를 받을 수 있으면 일을 더 적게 하는지도 테스트한다.

그리 아름다운 모양새는 아니지만, 인간을 대상으로는 금지된 실험을 쥐와 비둘기를 가지고는 할 수가 있다. 하지만 실험 쥐와 비둘기가 경제학자의 교과서적 이론을 따른다고 하여, 인간도 그렇게 행동하리라고 볼 수 있을까? 동물의 행동을 인간에게 적용시킬 수 있을까?

그런데 연구자들의 논리는 다르다. 경제이론이 단순한 실험 조건에서조차 통하지 않는다면, 어떻게 동물 우리를 넘어 복잡한 인간세계에서 통할 수 있겠냐는 것이다. 실험 동물들은 말하자면 경제학 이론을 반박하기 위해 동원된다. 동물도 지키지 않는 이론이라면 인간이 뭐하러 지키겠는가?

동물을 상대로 복잡한 경제학 가설을 어떻게 테스트할 수 있을까? 실험을 구상해보자. 일단 쥐를 동원한다, 가령 E4라는 이름의 쥐를. 연구자들은 별로 감상적이지 않다. 우리는 애완동물을 추추, 하치, 천사, 귀염둥이 등등 사랑스러운 이름으로 부르는 반면, 학술문서의 동물들은 철자나 숫자로 표기된다.

자, E4로 돌아가 보자. 우선 늠름한 쥐 E4에게 일반적인 사료와 물을 무한정 먹을 수 있도록 한다. 조건 없는 기본 수입이다. 약간의 호사도 누려야 하니까, E4는 두 음료 중 하나를 선택할 수 있다. 하나는 루트 비어. 이것은 채소와 뿌리 추출물로 만든 달콤한 무알콜 음료다. 또 하나는 톰 콜린스 믹스. 레몬즙과 설탕 시럽으로 만든 칵테일이다. 이 칵테일은 보통 진과 섞어야 맛있지만, 우리 모두 알 만한 이유에서 진은 빼어버린다. 그간의 연구는 쥐들이 음료를 얼마나 좋아하는지 충분히 알려주지 않았는가. 그

빠듯한 예산을 어떻게 분배하지?
자, 쥐들이 시험에 들었다.

러니 대부분의 쥐들은 루트 비어나 톰 콜린스를 흔해빠진 물보다 선호할 게 분명하다. 아무튼 E4는 그럴 것으로 예상된다. 이 두 가지 달콤한 음료에 무제한 접근할 수 있도록 할 경우, 그들은 생수통은 무시해 버릴 것이다. 얼음같이 차가운 콜라나 에너지 드링크를 마실 수 있을 때 생수를 무시해 버리는 우리의 틴에이저들처럼 말이다.

그런데 10대들의 용돈은 금박 바닥난다. 그래서 왕왕 갈색 레모네이드 대신 물을 마실 수밖에 없다. 콜라와 에너지 드링크로 완전 전환하기에는 용돈이 충분하지 않은 것이다. E4도 마찬가지다. 그에게도 용돈이 빠듯하게 주어지기 때문이다. 쥐에게 용돈을 준다고? 아주 간단하다. 두 버튼이 돈 역할을 한다. 하나는 루트 비어 버튼이고, 하나는 톰 콜린스 버튼이다. E4가 음료를 한잔 하려면 그는 톰 콜린스 버튼이든 루트 비어 버튼이든, 둘 중 하나를 눌러야 한다. 그리고 여기서 용돈 개념이 작용한다. 단추를 무한정 누를 수 없기 때문이다. 300번을 상한선으로 설정해보자. 그로써 실험은 10대의 용돈 문제를 완벽하게 모방할 수 있다. 루트 비어와 톰 콜린스 중에 선택을 할 수 있지만, 무한정 이 두 음료를 마실 수 있는 건 아니다. 두 개를 합쳐서 300번만 가능하다.

자, 단추 누르기를 돈으로 대체해 10대의 상황이라고 해보자. 가령 그들은 3만 원을 들고 루트 비어와 톰 콜린스 사이에서 분배할 수 있다. 그 돈을 다 쓰면 그들은 부모님이 무료로 지급하는 물로 돌아가야 한다. 이런 10대들처럼 E4도 돈 문제를 안고 있다. 내게 주어진 빠듯한 용돈(300번의 단추 누르기)을 루트 비어와 톰 콜린스 사이에서 어떻게 배분할까? 300이라는 지출 한도에서 나는 루트 비어와 톰 콜린스를 얼마나 많이 골라야 할까?

쥐들도 경제이론을 안다

질문에 대한 대답은 많은 것들에 달려있다. 무엇보다 각 쥐들의 선호. 그뿐 아니다. 한번 우리의 10대들을 생각해보자. 그들이 콜라와 에너지 드링크를 개인적으로 조합할 때 두 음료의 가격은 중요한 변수가 된다. 콜라가 비쌀수록 콜라 대신 에너지 드링크를 더 많이 마시게 된다. 무엇을 마실지 결정하는 것은 음료의 가격이다. 우리의 친구 E4의 경우 단추를 한 번 눌러 선사받는 음료의 양이 바로 그 가격이다. 단추를 한 번 누를 때마다 흘러나오는 루트 비어의 양이 많을수록, 그 달콤한 음료의 가격은 더 싸진다. 따라서 E4는 음료를 마시는 즐거움을 만끽하기 위해 자신의 용돈을 어떻게 사용할까?

전통적인 경제학 이론에서는 이런 문제를 소위 예산이론으로 해결한다. 예산이론의 개념 중 하나는 전체 경제학의 지주라고 할만한데, 어떤 재화의 가격이 상승하면 그 재화에 대한 수요는 감

소한다는 것이다. 이것은 우리의 일상에서 아주 당연한 사고이자 현상이다. 콜라 또는 루트 비어의 가격이 상승하면 우리는 에너지 드링크 혹은 톰 콜린스를 더 많이 마신다. 그래서? E4도 이런 법칙을 알까? 실험결과 E4는 이 법칙을 따른다. E4의 동료들도 마찬가지다.

루트 비어의 가격을 올리자마자 쥐들은 기민하게 행동을 바꾸어 톰 콜린스를 즐겨 마신다. 당연히, 루트 비어는 덜 마신다. 쥐들도 수요의 법칙을 알고 거기에 따르는 것이다. 가격이 높아지면 수요는 감소한다. 하지만 왜?

이런 '왜'에 대한 직관적인 대답은 상대적인 가격 상황이다. 에너지 드링크에 비해 콜라가 비싸지면, 더 값싼 음료로 갈아탄다. 경제학자들은 그것을 '대체효과'라 부른다. 가격이 상승한 음료를 상대적으로 저렴한 음료로 대체한다는 것이다.

하지만 그것이 전부는 아니다. 또 하나의 효과, 즉 소득효과라는 것이 있다. 콜라의 가격이 하락하면, 10대들의 실질 소득이라 할 만한 것이 증가한다. 콜라 값이 내렸기에, 같은 용돈으로 더 많은 콜라를 살 수 있는 것이다. 전에는 1만 원 가지고 2,000원짜리 콜라 다섯 개를 살 수 있었다면, 콜라 가격이 1,000원으로 내린 경우 같은 가격으로 10개를 살 수 있다. 이런 가격 하락은 콜라에 대한 수요를 증가시킨다. 그리하여 쥐들이 톰 콜린스를 더 많이 마시는 것은, 그들이 더 많은 음료를 얻을 수 있기 때문이지 루트 비어가 더 비싸졌다는 것을 깨달아서가 아닐 거다. 그렇지 않은가?

이 부분도 실험을 했다. 쥐들은 루트 비어의 가격이 상승했음을 인식하고 그 결과 톰 콜린스로 갈아탔다. 이제 쥐들의 소득, 즉 단추를 누를 수 있는 횟수를 높이면 어떻게 될까? 소득을 높여줄 경우, 쥐들은 루트 비어의 가격이 더 비싸더라도 상관없이 가격 상승 이전과 동일한 양의 루트 비어와 톰 콜린스를 마실 수 있게 된다. 루트 비어 가격이 상승하기 이전과 같은 비율로 루트 비어와 톰 콜린스를 선택할 수 있게 되는 것이다.

쥐들은 10대와 조금 달랐다. 소득 보상이라 부르는 이런 조작 뒤에도 쥐들은 가격이 오른 루트 비어를 부분적으로 톰 콜린스로 대체했다. 수요를 계속해서 음료의 가격에 맞춘 것이다. 그러고 보면 쥐들은 정말 완벽한 소비자들이다. 최소한 소비행동에 대한 경제학 입문서의 눈으로 보자면 그렇다.

낭비하는 자는 도태된다

그렇다. 쥐들은 완벽한 소비자들로서 대담하게 효용을 극대화한다. 특집판 '동물 쇼핑 퀸'의 만만치 않은 후보자들이다. 그리고 이제 중요한 질문은 대체 그들은 왜 그렇게 할까? 하는 것이다.

E4나 다른 쥐들이 위에서 언급한 경제학 교과서를 읽었을 리 없다. 만에 하나 읽고 내용을 이해한다 해도 그것을 적용할 수 있을까? 예산이론은 대학 신입생들에게도 힘들다.

키스 첸의 카푸니 원숭이를 한번 살펴보자. 첸은 카푸니 원숭이들에게 금전 개념을 가르쳐주었고 원숭이는 동전, 즉 토큰을 첸에게 내밀면 음식을 얻을 수 있다는 것을 배웠다. 실험 조교가 한 손에 음식을 들고 보여주며 다른 손을 내밀면, 원숭이가 토큰을 조교의 손에 건네고 음식을 받는 식이다. 이제 연구자들은 실험을 다양하게 변화시키면서, 소득 즉 원숭이들에게 주는 토큰의 수를 달리하거나 특정 음식의 가격을 변동시키면 원숭이들이 어떤 행

동을 보이는지 관찰했다. 이런 실험에서 내린 첸의 결론은 원숭이가 경제학자들의 가격이론을 알고 있으며, 그것에 따른다는 것이다. 원숭이들은 가격 변동과 소득 상승, 돈을 내고 받을 수 있는 보상의 변화에 민감하게 반응한다.

원숭이들이 경제학 이론서를 읽었을 리 만무하지 않은가? 우습게 들리지만 이건 꽤나 진지한 질문이다. 단순히 쥐들이 책을 읽지 않는다는 사실보다 한결 깊게 들어가는 질문이다. 경제학자들의 이론모델은(심지어 예산이론 모델마저) 종종 비현실적이라고 비난을 받는다. 사람들은 그렇게 행동하지 않는다고, 현실은 다르다고 말이다. 그런데 몇몇 쥐들이(비둘기들도 그것을 증명해냈다) 비현실적인 경제학 교과서에 나오는 시나리오대로 행동하는 것이다. 뭔가 이상하지 않은가? 이런 의아함은 학문의 기능에 대한 오해에서 비롯된다.

쇼핑 퀸은 어떻게 하는가? E4는? 쥐들은 무엇을 하는가? 그들은 빠듯한 재화로 최선의 것을 이끌어내려 한다. 자못 이기적인 말로 들리지만, 이것은 진화적으로 볼 때 생존에 중요하다. 빠듯하고 냉정한 세계 속에서 생존하기 위해서는 주어진 재화를 현명하게 사용해 꾸려나가야 한다. 쇼핑 퀸에게 이런 과제는 즐거움을 위한 것이고, 10대에게는 어쩌면 그냥 멋에 속하는 문제이며, E4에게는 생존에 중요한 문제이다. 자신이 가진 수단과 힘을 잘못 배분하는 자는 자연에 의해 걸러진다.

쇼핑 퀸 실험을 야생의 자연 속으로 옮겨보자. 여기서도 비슷한 문제들이 있을까? 물론이다. 먹잇감을 찾거나 열매와 뿌리를 모으기 위해 자신의 구역을 누비는 사냥 및 수집꾼은 우리의 쥐들, 10대들, 쇼핑 퀸과 동일한 문제에 맞닥뜨린다. 그는 한정된 재화(무엇보다 시간과 힘)를 가지고, 이 한정된 수단을 사용해 에너지를 최대한으로 얻어 살아남기 위한 먹잇감을 찾아야 한다. 고전적인 쇼핑 퀸 딜레마다. 쥐, 비둘기, 동물, 인간, 10대들, 쇼핑 전문가. 이들이 경제학 교과서를 읽어서 또는 그들이 어떻게 해야 한다고 학습해서, 효용을 극대화하는 쪽으로 행동하는 게 아니다. 진화와 전통이 그들에게 가르쳐준 대로 행동할 뿐. 그렇게 행동하지 않으면 생명의 설계도에서 밀려나 버리기 때문이다. 지구상에 낭비하는 자가 거할 자리는 없다.

그것은 쇼핑과 물건 구입, 에너지 드링크와 콜라, 루트 비어와 톰 콜린스에만 적용되는 문제가 아니다. 거의 모든 삶의 영역이 이런 빠듯한 자원을 가지고 효용을 극대화하는 매커니즘에 복종하고 있으며 우리는 경제적 행동으로 그 상황에 대처해야 한다. 인간이든 동물이든 간에 말이다. 다윈은 낭비하는 종을 허락하지 않는다.

동물들의 위기관리 능력

동물 실험실과 인간 현실의 유사성은 물건 구입 문제만으로 끝나지 않는다. 노동시장을 생각해보자. 높은 임금을 받기 위해 우리는 종종 더 장시간 노동을 감내한다. 그렇다면 과연 동물들도 그렇게 할까? 물론이다. 비둘기는 보너스로 나오는 먹이를 위해 더 장시간 일하고 더 적게 쉴 용의가 있다. 이것은 쥐들에게도 마찬가지로 적용된다. 이런 실험은 앞서 살펴본 동물들의 소비 성향을 점검하는 실험과 비슷하게 구성되었고, 실험결과는 분명했다. 쥐와 비둘기들은 '너와 나'와 다를 바 없는 노동자들이다. 그러나 우리 인간은 조금 다르지 않은가? 어느 정도 괜찮은 임금을 받은 이후부터 우리에겐 여가 시간이 더 중요해진다. 그래서 사람들은 일정선의 수입이 보장된 다음부터는 일을 덜 하는 쪽을 선택한다.

비둘기들은 어떨까? 놀라지 마시라. 비둘기들도 그렇게 한다. 어느 정도의 소득이 보장되고 나면 비둘기들도 여가 시간을 더 중

요시한다. 더 많은 일이 더 많은 보상을 보장한다는 걸 알면서도 새는 일을 줄인다. 비둘기들 역시 기업 컨설턴트들이 '워크-라이프 밸런스'라 부르는 가치를 아는 것이다.

실험실과 현실의 유사성을 보여주는 또 하나의 예를 들어보자. 경제이론에 빈곤의 함정이라는 개념이 있다. 사회보장 제도로 말미암아 꽤 높은 수준의 기본소득이 보장되는 경우, 이런 급여의 수혜자들이 더 이상 일하려고 애쓰지 않게 된다는 것이다. 간단히 말하자면, 가난하기 때문에 가난의 덫에 갇혀버리게 된다는 이론이다. 동물들에게 이런 빈곤의 덫을 놓으면 어떻게 될까? 그들 역시 덫에 걸려들까? 물론이다. 쥐나 비둘기에게 최저소득을 보장해주면, 일하고자 하는 의욕이 감소한다. 그들은 더 많은 여가를 누리는 데 길들여져 버린다. 읽다 보니 당신 이야기를 하는 것 같다고? 당신 역시 평범한 사람이다.

그러나 쥐들은 리스크매니지먼트(위기관리) 능력도 겸비하고 있다. 두 개의 비슷한 대안 중 하나를 선택해야 하는 경우 그들은 확률이 높은 쪽을 고른다. 털가죽이 있는 소비자들은 어떤 쪽이 더 위험한지를 예민하게 파악하고 더 안전한 대안을 고르는 것이다. 당신이라고 다르겠는가?

심지어 동물이 인간보다 더 나은 분야도 있는 듯하다. 가령 주택시장이 그 예다. 우리 인간세계의 경우 부동산 거품에 이어 부동산 위기가 찾아오는 반면, 템노토락스 알비펜니스 개미들은 절대 그런 참사를 부르지 않는다. 이 개미들은 집을 찾을 때 굉장히 편안하고도 목적 지향적으로 행동한다. 그들은 집으로 삼을 수 있는 곳 주변의 이웃들을 살핀다. 만일 이웃들의 형편이 좋지 않은 것 같으면 다시금 다른 지역에서 집을 찾기 위해 발품을 판다. 현 주거지의 질을 잘 평가하는 듯하다. 영국의 학자들은 자신들의 연구결과에 대해 "개미들이 탐색작전을 펼치는 모습을 보면 (…) 우리 인간들은 감히 따라잡지 못할 정도"라고 감탄했다.

학자들은 그저
자연을 보고 베낄 뿐

자신이 수학이나 확률 계산에 거의 젬병이라는 사실을 오히려 자랑 삼아 이야기하는 사람들이 많지만, 진화적으로 볼 때 수학과 확률 계산은 필수사항이다. 먹이를 찾을 때 비등한 조건의 두 구역을 이용할 수 있을 경우, 새들은 이 두 구역이 서로 멀리 떨어져 있을수록 한 구역에서의 탐색 시간을 늘린다. 당연한 일이다. 다른 구역이 너무 멀리 있으면 이동 시간이 많이 걸리고, 그만큼 에너지 소비도 많아진다. 비용이 많이 드는 것이다. 그래서 그럭저럭 먹고 살 만한 현재 위치에 그냥 머문다. 말벌이 산란 장소를 물색할 때도 매우 경제적인 태도를 보인다. 먹이를 찾을 때 동물들은 경제학 교과서에 실린 내용 그대로 먹이의 에너지 함량뿐 아니라 그 먹이를 확보하는 데 드는 비용까지 고려하는 것이다. 진화의 라이트모티프leitmotif(되풀이해서 나타나는 주제 — 옮긴이)가 경제적인 행동을 강요한다고나 할까.

그러므로 쥐나 비둘기나 인간이 경제학자의 복잡한 이론모델을 따른다는 말은 어불성설이다. 사실은 그 반대다. 생물들은 진화가 시작된 이래 경제적으로 행동하는 것을 배웠고, 이후 몇십만 년 뒤에야 경제학자들이 나타나 이런 행동을 추적하고 기술하기 시작한 것이다(물론 종종 이해하기 힘들게 묘사하고 있지만 말이다). 게다가 이런 행동을 묘사하는 데 아주 어려운 수학까지 동원한다. 하지만 새들이 계산기를 가지고 다니는 거 본 적 있는가?

새들은 계산기 따위 필요 없다. 동물과 인간이 어떻게 결정을 내리고, 어떻게 해서 최적의 결과에 도달하는지는 아무리 관찰을 해도 잘 알 수가 없다. 오랜 경험과 시행착오의 산물이라고 할밖에는…. 그러니까 진화가 최고의 교사다. 이런 행동을 기술하는 학자들은 엄밀히 말해 생명의 계획을 보고 베끼는 것뿐이다.

낭만적 사회주의자들은 좀 싫어할 말이지만, 경제적 행동은 철학이나 개인적 윤리나 사회화의 문제가 아니다. 경제적 행동은 생명을 유지하기 위한 진화의 부름이다. 경제학자들의 이론과 개념들은 소위 추후에 휘갈겨 적은 사용설명서다(이해하기 힘들다는 점도 여타 사용설명서와 똑같다). 사람들은 쇼핑 퀸에게 정해진 금액 이상 지출하지 않는 선에서, 최대한 멋지게 연출해야 한다고 게임 규칙을 설명해준다. 단 어떤 방식으로 게임에 응해야 할지는 아무도 알려주지 않는다. 쇼핑 퀸은 결코 배우지 않았음에도 그것을 알고, 직관적으로 행동한다. 한 걸음 한 걸음 길을 찾아나간다. 쥐와 비둘기 역시 심리적인 교환비율, 즉 한계대체율이 두 재화를 교환할 때의 비율과 같아져야 한다는 둥의 내용을 배운 적이 없다. 그들은 그냥 행동한다. 대부분의 인간 역시 심리적인 교환비율이 무엇이며, 이것이 가격 비율과 같아져야 한다는 말이 무슨 뜻인지 이해하지 못한다. 이해할 필요도 없다. 우리는 그냥 그렇게 행동한다. 쥐, 비둘기, 새, 인간. 모두가 타고난 경제학자들이다. 학위 따위 없어도 좋다.

따라서 이런 실험들은 무엇을 말해주는가? 조심스럽게 말해서, 경제학의 개념을 동물 실험으로 반박하고자 하는 시도는 실패했다. 동물들의 경우 경제이론과 개념에 매우 잘 들어맞는다. 물론 인간과 비교하기는 힘들다. 모든 종은 나름의 생물학적, 생리학적, 심리학적 특성을 가지고 자신만의 생태적, 경제적 니치(지위)에서 살아가니까 말이다. 쥐와 인간의 환경은 많이 다르다. 혹은 다르다고 한다. 경제학 개념이 쥐, 비둘기, 그리고 다른 동물들에게 통한다는 것은 그 개념들을 견고하게 만들어준다. 그렇다고 해서 자동적으로 이것이 인간에게도 동일하게 기능한다는 의미는 아닐 것이다. 다만 인간과 동물 사이에는 중요한 공통점이 있다. 그들 모두 진화가 시작된 이래 냉혹한 행성에서 빠듯한 재화와 더불어 살고 있다는 것. 장구한 세월 동안 빠듯한 재화로 최선을 다해 살아남기 위해 여러 전략을 개발해왔다는 것! 그러므로 동물이 이런 문제에 경제적인 행동으로 반응한다면, 인간도 그렇게 하리라고 추정하는 것이 타당할 게다. 그 이유는? 빠듯한 자원으로 최상의 것을 이끌어내 최적으로 행동하는 자가 생존할 가능성이 높아지며, 결국 더 많은 후손을 남기기 때문이다. 최적화된 행동이 진화적 성공을 만들어내는 것이다. 이렇게 장구한 세월이 흐른 끝에 털가죽을 가진 쇼핑 퀸이든 그렇지 않은 쇼핑 퀸이든, 쇼핑 퀸이 탄생했다.

5장
___

뭉쳐야 잘 산다

물고기를 낚는 창조적 방법

라구나는 브라질 산타카타리나 주 남부에 있는 도시다. 산타카타리나 주의 주도 플로리안오폴리스에서 남쪽으로 120킬로미터 거리이며, 포르투알레그리 북동쪽에 위치한다. 1676년 농부들이 거주하면서 탄생한 이 마을은 빼어난 자연환경 때문에 숨겨진 여행지로 통한다. 식민지 때 세워진 다수의 유서 깊은 건축물이 리모델링되어 국민 관광지로 인기를 끌고 있다. 이 지역이 낳은 영웅으로 아니타 가리발디가 있다. 아니타는 라구나 출신으로, 1839년 이탈리아의 혁명가 주세페 가리발디와 결혼했다. 주세페 가리발디는 라구나 주민들을 잠시 포르투갈의 지배로부터 해방시켜주기도 했으나 이런 과도기적 상태는 일년 만에 끝나고, 아니타와 주세페는 자유를 위해 계속 진군했다. 먼저 우루과이로, 그 다음에는 이탈리아로. 아니타는 그 와중에 포위당한 로마를 사수하려다 프랑스 군에 패해 세상을 떠났다. 그때가 1849년이었다. 라구

나의 주민들은 박물관을 만들어 자신의 고향이 낳은 여성 체게바라를 기리고 있다. 멋진 일이 아닐 수 없다. 그러나 라구나에서 가장 멋진 건 어부들이다.

인간은 오랜 세월 동안 물고기 잡는 창조적인 방법들을 개발해왔다. 갠지스 강가에서는 길들인 수달이 그물로 물고기를 몰아온다. 중국에서는 가마우지가 물고기를 잡아주는데 이 새가 물고기를 잡은 뒤 꿀꺽하지 못하게끔 목 아랫부분을 끈으로 묶어놓는다. 파푸아 뉴기니에서는 어부들이 노래를 부르고 코코넛 껍질로 만든 방울을 흔들어 물고기들을 유인한다. 필리핀 어부들은 심지어 40미터 아래까지 잠수를 하는데, 이때 정원용 호스를 물고 들어가 그것을 통해 산소를 공급받는다. 놀라운 방법들이다. 다만 라구나의 어부들은 더 기발한 방법을 사용한다.

그들은 매일 아침 손에 투망을 들고 해변으로 나간다. 그리고 기다린다. 이들은 은빛으로 반짝이는 숭어들을 낚시한다. 길이 10센티에서 1미터 사이로, 열대나 아열대 지역 해안과 기수(해수와 담수가 섞이는 지점)에 서식하는 숭어들이다. 바로 거기에 문제가 있다. 해수와 담수가 섞이는 지점은 물이 맑지 않기 때문에 숭어가 잘 보이지 않는다. 어부들은 숭어가 언제 자신의 그물 속으로 뛰어들지 알지 못한다. 하지만 어부들에게는 도우미가 있으니, 그들이 곧 올 것이다.

종을 초월하는 협력의 세계

이제 그들이 온다. 피구에이리도, 스쿠비, 카로바. 이외 여럿이다. 어부들이 기다리는 물가로 도우미들이 숭어 떼를 몰아온다. 그리고 숭어들이 가까워지면 피구에이리도, 스쿠비, 카로바 및 친구들은 짧은 신호를 보낸다. 수면을 철썩 치는 것이다. 그 순간 어부들은 그물을 던진다. 사냥꾼과 몰이꾼의 완벽한 협연이 아닐 수 없다. 몰이꾼들 입장에서는 자신이 몰이꾼이라는 사실을 알지 못한다. 자기들의 이름이 피구에이리도, 스쿠비, 카로바라는 것도 모른다. 그도 그럴 것이 그들은 돌고래이다.

인간은 수만 년에 걸쳐 땅뿐 아니라 동물을 복종시켰다(굴복시켰다). 그 결과 많은 동물이 인간을 위해 일한다. 영양분이 되어주고 옷이 되어주고 친구가 되어준다. 종종 아주 굴욕적인 상황에서도 말이다. 그러나 이런 장구한 세월 속에서 공생관계도 탄생했다. 양쪽 모두 유익을 보는 가운데 더불어 사는 삶이다.

피구에이리도, 스쿠비, 카로바는 큰돌고래 혹은 병코 돌고래라 불리는 돌고래들로, 이들에게 이름을 지어준 원주민 사이에서는 유명한 존재다. 이런 협력관계는 1847년 이래 계속되었다. 돌고래들은 어부들 쪽으로 숭어를 몰아와서는 그물이 가까우면 꼬리지느러미나 머리를 이용해 수면을 친다. 어부들에게 그물을 던지라는 신호다. 어부들은 이구동성으로 돌고래들이 없으면 생계를 유지할 수 없을 것이라고 말한다. 하지만 아무도 돌고래에게 그렇게 하라고 가르친 적 없다. 목견(가축 몰이를 위해 활용되는 개)은 훈련시키고 길들일 수 있지만 피구에이리도, 스쿠비, 카로바는 아무도 훈련시키지 않는다.

어떻게 이런 신기한 협력이 가능할 수 있었는지 연구자들은 알지 못한다. 돌고래의 행동이 수십, 아니 수백 년 간의 시행착오를 거듭하는 과정에서 생겨난 것일까? 돌고래들은 자신이 무엇을 하는 건지 이해할까? 그것은 유전적 소질에서 기인하는 행동일까? 짚고 넘어가야 할 것은, 모든 돌고래가 이런 몰이에 참여하지는 않는다는 사실이다. 왜 그럴까? 그리고 가장 중요한 질문으로, 돌고래는 여기서 어떤 유익을 얻을까? 연구자들의 의견은 분분하다. 몰이사냥과 어부들의 그물로 말미암아 패닉에 빠진 물고기가 커다란 무리를 형성하게 되고, 그러면 돌고래 편에서는 한 입에 많은 물고기를 꿀꺽하기 쉬워진다는 견해도 있다. 한 마리씩 개별적으로 쫓아다닐 때보다 배불리기가 더 간단한 것이다.

라구나의 돌고래들은 특별하다. 하지만 결코 포유류들 간 협력을 보여주는 유일한 예는 아니다. 서로 나누고 호의를 베풀며 협력하고 페어플레이를 하는 것. 이것은 인간의 삶뿐 아니라 동물의 세계에서도 볼 수 있는 현상이다. 종을 초월해서까지 말이다. 아프리카의 두견새는 벌통을 발견하자마자 꿀먹이 오소리를 불러온다. 오소리가 먼저 벌집을 접수해 실컷 먹고 나면, 이제 두견새의 차례가 된다. 두견새가 인간까지 협력 파트너로 삼아 벌통으로 인도했다는 이야기들도 전해진다. 민물돌물떼새라는 작은 새는 악어 알을 보호해주는 역할을 한다. 어미 악어가 먹이를 찾는 동안 알 도둑이 접근하면 소리를 질러 어미에게 알린다. 반대급부로 어미 악어는 민물돌물떼새의 알에 접근하는 포식동물을 공격한다. '니모를 찾아서'에 나오는 흰동가리는 말미잘 속에 숨어사는데, 독성 있는 말미잘 촉수가 흰동가리를 포식자로부터 완벽하게 보호해준다. 대신 니모는 물을 잘 순환시켜서 말미잘에게 부족한 산소를 공급해준다고 한다.

"서로 돕고 살잔 말이야"

이런 협력의 본질을 더 자세히 살펴보기 위해 새미와 바이어스를 만나러 가보자. 꼬리감는 원숭이(카푸친 원숭이) 새미와 바이어스는 잔머리를 잘 굴리는 학자 때문에 괴롭다. 그 학자의 이름은 프란스 드 발. 그는 영장류 연구센터에서 꼬리감는 원숭이 새미와 바이어스를 힘든 시험에 내몰았다.

꼬리감는 원숭이는 아주 똑똑해서, 연구자들이 실험동물로 애용한다. 종에 따라 몸길이가 30~56센티미터, 꼬리 길이도 30~56센티미터 정도인 이 원숭이는 주로 아메리카 대륙에 서식한다. 남아메리카, 열대우림, 활엽수림, 맹그로브 숲, 고산지역이 이들의 서식처다. 옛날에 서커스에서 광대들과 함께 한창 활약하던 원숭이가 바로 꼬리감는 원숭이다. 사람들은 이들을 잔인하게 대하기도 하지만, 꼬리감는 원숭이는 서로 협동하는 걸 좋아한다. 프란스 드 발이 이를 보여주었다.

프란스 드 발은 원숭이 우리 밖에 쟁반을 하나 놓은 뒤 그 위에 먹이가 담긴 그릇 두 개를 올려놓았다. 두 암컷 원숭이인 새미와 바이어스가 쟁반 끝에 달린 손잡이를 함께 잡고 창살 가까이로 끌어당겨야만 먹이를 집을 수 있도록 한 것이다. 쟁반이 무거워서 둘이 동시에 끌어당겨야만 하므로, 협동 없이는 먹이를 얻을 수가 없었다. 새미와 바이어스는 어떻게 했을까?

둘은 사태를 파악하고 동시에 손잡이를 끌어당겼다. 그렇게 해서 그릇을 집을 수 있는 거리에 오자마자 새미는 쟁반 손잡이를 놓고 먹이그릇 하나를 냉큼 집었다. 그러나 이게 웬일인가. 쟁반에는 추가 달려있어 새미가 먹이를 집기 위해 쟁반을 놓자마자 원위치로 돌아가 버리고 말았다. 이제 새미가 배를 두둑이 채울 수 있게 된 반면 바이어스는 황당하게 빈손으로 남았다. 자, 이 둘은 어떻게 했을까?

바이어스는 마구 소리를 질러대었고, 30초쯤 후 새미는 바이어스와 함께 다시 쟁반 손잡이를 끌어당겼다. 드디어 바이어스도 먹이를 손에 넣게 된 것이다. 반면 새미가 더 얻을 것은 없었다. 새미는 이미 먹이를 받았으니 굳이 그런 수고를 하지 않아도 되었다. 그런데 새미가 협조를 했다. 당신이라도 그렇게 했을 것이다. 그렇지 않은가?

이런 행동은 본능적으로 나오는 걸까? 가족끼리는 그렇게 할 것이다. 가까운 친척도 물론이다. 친척끼리 협동하면 자신의 유전자 풀이 이어질 확률이 높아지니까. 협력은 자신의 유전자를 보존할 수 있게 한다.

그러나 새미와 바이어스의 경우 이런 논지가 통하지 않는다. 그들은 친척이 아니다. 인간들 역시 친척이 아니라도 서로 돕지 않는가. 왜 우리는 이렇게 서로 협력하며 사는 것일까? 왜 친구, 지인, 이웃들을 돕는 것일까? 가능한 대답은 이것이다.

퀴드 프로 퀴Quid pro quo!

퀴드 프로 쿼!

"퀴드 프로 쿼입니다, 렉터 박사님." 식인종 의사 한니발 렉터가 주인공인 영화 '양들의 침묵'에서 한 여배우가 렉터에게 이렇게 말한다. 퀴드 프로 쿼, 우리 말로는 '가는 정이 있어야 오는 정도 있다'는 뜻 정도 될 것이다. 즉 주고받기 식 행동을 한다는 것이다. 이런 태도는 우리의 일상 도처에 깔려있다. 누군가 우리에게 호의를 베풀면, 우리도 그들에게 보답을 한다. 그리고 우리가 누군가에게 호의를 베풀면 그들도 보답한다. 하지만 왜? 퀴드 프로 쿼. 우리는 받을 것을 기대하고 호의를 베푼다. 그리고 연구자들은 물고기, 박쥐, 원숭이, 돌고래 등 많은 동물에게서 그들이 서로 도우며, 이런 도움이 일방통행으로 끝나지 않도록 유의한다는 걸 발견했다.

가령 프란스 드 발은 침팬지들에게 수박을 선사했다. 단 침팬지 한 마리만이 수박에 당첨되도록 했다. 한 마리가 수박 하나를

통째로 받은 것이다. 경제학 용어로 하면 그 침팬지는 이제 소유권자가 되었다. 자 이제 싸움이 일어날까? 아니었다. 동료들은 이 자랑스런 소유주를 둘러싸고, 늘상 하던 방법으로 구걸을 하기(졸라대기) 시작했다. 낑낑거리고, 흐느끼고, 소리 지르고, 손바닥을 위로 쳐드는 등…. 그들은 결코 수박을 억지로 강탈하지 않았다. 상대 침팬지의 소유권을 존중했다. 그로써 그들은 기본법을 지켰다. 대다수 나라의 법에서는 소유권과 상속권을 보장하고 있지 않은가! 침팬지들도 마찬가지로 행동했다. 쉬는 시간의 학교 운동장이나 정치판보다는 침팬지들이 훨씬 더 법을 잘 지킬 것 같다.

하지만 이 법은 소유자의 의무도 환기시키고 있다. 소유를 공공의 복지에 기여하도록 활용해야 한다고 말이다. 침팬지 역시 그렇게 한다. 침팬지들은 자신의 먹이(운명 혹은 주인 드 발이 거저 선사한 수박)를 기꺼이 나눈다. 그러나 퀴드 프로 퀴를 잊지 말라. 프란스 드 발의 침팬지 무리 대장인 조코가 오전에 암컷 동료 메이를 쓰다듬어주고 털을 골라주면, 메이가 오후에 자신의 먹이를 조코와 나눌 확률이 높아진다. 침팬지들은 퀴드 프로 퀴에 대한 정확한 감각을 지니고 있었다. 네가 내 등을 긁어주면, 나도 네 등을 긁어준다. 당신에게도 친숙하게 다가오는 말 아닌가?

기왕 서로 돕는 거라면 적절한 시점에 등을 긁어주는 게 중요할 텐데…. 코펜하겐 대학교 연구자들은 이와 관련하여 동물들이 얼마나 감이 뛰어난지를 관찰하였다. 관찰결과 개코원숭이들은 먹이

"머리 가렵지? 내가 이 잡아줄게."
서로 돕는 게 유익하다는 걸 그들도 잘 안다.
그리고 그들의 호혜성 역시
마음속 장부를 통해 세심하게 계산된다.

를 나누는 것이 서열 높은 원숭이들의 호의에 달릴 경우, 서열 높은 그 동료가 먹이를 찾으러 나서기 전에 털에서 이를 잡아주었다.

학자들은 이런 행동을 '호혜성'이라 부른다. 말할 필요도 없겠지만, 많은 동물들뿐 아니라 인간에게서도 이런 행동은 흔히 나타난다. 우리는 상호 호의를 주고받는다. 네가 나를 도우면 나도 너를 도와준다. 이런 행동이 양측에 유익하다는 것은 자명하다.

호혜성은 엄밀히 말해 마음 속 장부를 통해 돌아간다. 그 장부에는 누가 언제 어떻게 나를 도와주었는지가 기록된다. 그렇게 기록함으로써 우리는 보답을 해줄 것인지 말 것인지를 결정할 수 있다. 이웃에게 잔디 깎는 기계를 빌려줄 것인가? 음, 한번 따져보자. 그 사람이 최근에 우리에게 무엇을 해줬던가? 조만간 그에게 뭔가 부탁할 일이 있을까?

하지만 친구라면 어떨까? 친구끼리는 주고받는 걸 냉정하게 계산하지 않을 텐데. 침팬지들도 그렇다. 친구끼리는 아무것도 따지지 않는다. 둘의 관계가 전반적으로 만족스러운 한, 서로를 위해 주고 계산하지 않으며 자연스럽게 주고받는다. 시간 낭비, 돈 낭비가 심하더라도 뭐 어떤가, 친구인데. 친구끼리는 그렇게 하는 것이다. 침팬지 친구들은 서로 털을 골라주고 드잡이질(싸움질)을 할 때 편들어 준다. 으레 그렇게 하는 거니까 말이다. 연구자들은 이를 '균형 잡힌 호혜성'이라 부른다. 친구끼리는 묻지도 따지지도 않고 돕는다! 침팬지들 사이에서도 말이다.

하지만 까놓고 말해서 한 친구가 상호호혜 계좌의 균형을 너무 오래, 심하게 무시하면 좀 생각을 해보게 되지 않을까? 그런 친구와는 시간이 흐르면서 탐탁지 않은 관계로 변할 게 분명하다. 언젠가는 회계검사를 해보게 된다. 그런데 네가 내게 그간 뭘 해줬지? 무엇보다 별로 가깝지 않은 지인이나 사업상의 관계에서 우리가 보이는 행동은 나중에 먹이를 나누어 먹을 생각으로 메이의 털을 골라주는 침팬지 조코의 행동과 비슷하다. 조코와 메이가 친한 사이라면 이런 호의는 당연한 것이 된다. 반면 가깝지 않은 관계라면 메이는 이런 호의를 기록해 놓았다가 보답을 할 것이다.

대체 이런 협력은 왜 생겨나는 것일까? 가장 일반적인 이유는 협동이 생존을 보장하기 때문이다. 가까운 가족이나 친척 관계에서의 협동은 자신의 유전자 풀을 보존하고, 남남끼리의 협동은 상호성에 기반을 둔 일종의 보험처럼 작용한다. '너 힘들지? 내가 도와줄게. 대신 너도 다음번 내가 힘들 때 나를 도와줘.' 더 직접적으로 표현하자면, 서로 연대해야(협동해야) 둘 모두 유익을 본다는 것이다. 이런 상호 보험의 형식은 라구나의 돌고래 피구에이리도, 스쿠비, 카로바처럼 종을 초월해서 이루어질 수도 있다. 또 다른 예를 들어보라고? 뭐 기꺼이. 모든 관계자들의 유익을 위한 또 다른 협동의 예는 우리를 특이한 세차장으로 인도한다.

저 아래 바닷속
세차장의 풍경

이 세차장은 단순한 원칙으로 운영된다. 고객들이 찾아온 순서대로 줄을 서있다가 서비스를 받는 것이다. 영리한 세차장 주인은 신속한 서비스를 해주려 애쓰며 고객들을 속이지 않는다. 어느 동네 세차장이냐고? 바로 해저세계 세차장이다.

청줄청소놀래기는 바다에 사는 작은 물고기로, 다른 커다란 물고기의 몸에 붙어있는 기생충을 먹고 산다. 이런 청소 물고기들은 암초 근처에 자신의 사업장을 가지고 있는데, 사업은 꽤 잘 된다. 바닷속 세차장을 이용하려는 물고기로 늘 문전성시를 이루는 것이다. 고객들은 세차장 앞에 길게 줄을 선다. 그러고는 차례가 되면 헤엄을 쳐서 몸을 청소하고 싶다는 걸 표시하는 특유의 자세로 청줄청소놀래기 앞으로 나아가고, 이제 놀래기는 손님의 몸에서 기생충을 제거해준다. 꼬리, 머리, 지느러미 사이, 심지어 입 속까지 말이다. 아주 세심한 작업이다. 청줄청소놀래기들은 이런 기생

충이나 입속 찌꺼기들을 먹고 산다. 협동을 통해 양쪽 모두 유익을 얻는 완벽한 예라고 할까? 경영학자들이 말하는 윈윈 상황이 바로 이런 것 아니겠는가. 번역이 필요하다고? '양쪽 모두 이득을 본다.' 뭐, 그런 말이다.

하지만 협동은 철저한 시장경제 원칙을 따른다. 서비스가 만족스럽지 않을 경우, 고객은 세차장을 바꾸어 버리는 것이다. 가령 청소 물고기는 고객의 건강한 피부도 조금쯤 물어뜯어 먹고 싶은 유혹을 받는다. 훨씬 영양분이 많기 때문이다. 물론 고객들은 이것을 좋아하지 않는다(당연하지, 세차장 아저씨가 당신의 귀를 물어뜯는다면 당신은 어떻게 하겠는가?). 그래서 그런 충동을 너무 자주 실행에 옮겼다간 고객을 잃게 마련이다. 육식물고기에게 그런 서비스를 하다간 생명까지 날아갈 수 있다.

그러나 이곳, 해저세계에서도 고객이라고 다 같은 고객은 아니다. 세차장 근처에 사는 고객들보다는 더 넓은 행동반경을 가지고 멀리 멀리 운전하고 다니는 고객들이 더 우대를 받는다. 즉 근처에 정주하는 고객보다 멀리 떠돌아다니는 고객을 더 특별하게 대우하는 것이다. 그도 그럴 것이 그들은 기동성이 있어서 서비스가 만족스럽지 않으면 다른 세차장으로 옮겨버리면 그만이기 때문이다.

그리고 정말로 그들은 그렇게 한다. 통계적으로 볼 때, 부족한 서비스를 받은 '방랑' 물고기 중 10퍼센트만이 다시금 같은 세차장을 찾는 것으로 나타났다. 반면 그 지역에 정주하는 물고기들은 별 수 없이 나쁜 서비스를 감수해야만 한다. 기동성이 떨어져서 세차장을 옮길 수 없기 때문이다. 그런 이유로 세차장 앞 대기 줄이 꽤 길 때면, 멀리 방랑하는 물고기들이 우선적으로 서비스를 받는다. 현지 물고기들은 더 기다려야 한다. 기다려야 하는 고객들은 홀대를 받는다. 당신이 집 근처 세차장 앞에 줄을 서있는데, 외지 표지판을 단 자동차를 먼저 들여보내 주는 형국이다. 당신은 무기력한 심정으로 우두커니 지켜볼 뿐이다. 다른 세차장까지 가기에는 너무나 거리가 멀기 때문이다. 실생활에서 이것은 경쟁정책을 보여주는 예라 할 것이다.

한편, 영리한 물고기 고객은 혼성팀이 운영하는 세차 시설을 더 선호한다. 부부, 즉 암수로 이루어진 청소 물고기 팀이 일하는 세차장은 암컷 혹은 수컷끼리 일하는 세차장보다 손님이 더 많이 몰려든다. 왜 일까?

정치적 올바름에 저촉되는 말인지도 모르겠지만, 그것은 수컷들 덕이다. 암컷 물고기가 고객을 거칠게 대해서 기생충 대신 살을 물어뜯는다든가 할 경우, 암컷 물고기는 세차장 주인(수컷 물고기)에게 호되게 혼난다. 그래서 암컷들은 쌍쌍이 같이 일할 때 더 세심하게 작업에 임하는 경향이 있다. 고객들도 이 사실을 알고, 혼성팀에게 서비스를 받는 걸 좋아한다. 다시금 혼성이 운영하는 세차장이 성업하는 이유다. 이때 수컷의 행동은 자못 비즈니스 마인드를 고려한 것이라 할 수 있다. 그러므로 혼성이 함께 일하는 것이 좋다. 혼성 고용에 대한 변론! 물론 기회균등 정책 본연의 의미에서는 아니지만 말이다.

이렇듯 서로 공생하는 상황은 일상에서 아주 많이 찾아볼 수 있다. 곤궁에 처한 사람을 보면 자기와 상관없는데도 사심 없이 도와주는 사람들이 얼마나 많은가. 매우 이타적인 행동으로 보이며, 종종 정말로 그렇다. 그러나 우리의 바닷속 세차장은 파트너를 호되게 꾸짖는 등의 용감한 개입 배후에, 개입하는 자의 이해관계가 도사리고 있다.

영웅이 탄생하는 원리

이 모든 숙고는 다음과 같은 결론으로 수렴된다. 협동과 이타적인 행동은 인간과 동물 모두에게서 발견된다. 그리고 인간이나 동물이 그렇게 행동하는 이유도 분명하다. 협동은 자신의 생존과 후손 번식을 보장함으로써 진화적으로 유익이 된다. 하지만 아직 마지막으로 커다란 수수께끼가 남는다. 순수하게 이타적인 도움이나 협동의 예도 있을까? 가령 우리는 왜 다시 올 일이 없을 레스토랑에서 팁을 줄까? 왜 앞으로 더 볼 일이 없을 생면부지의 낯선 사람을 도와줄까? 순수하게 이타적인 행동일까?

언뜻 보기에는 그렇다. 하지만 우리가 여기서 살펴본 동물들의 행동을 좀 자세히 들여다보면 약간 조심스러워진다. 우리가 배운 것은 협동과 도움이 진화적 유익을 선사한다는 것이었다. 따라서 협동하고 서로 돕는 건 영리한 일이다. 그렇다면 직접적인 유익이 없어 보이는 협동이나 도움은 어떠할까? 낯선 사람의 생명을

구하는 영웅들의 경우는? 기껏해야 어느 기관이 수여하는 올해의 영웅상 메달 외에 더 얻는 것이 있을까?

이러한 상들의 대표 격이라 할 카네기 영웅상은 생명의 위험을 무릅쓰고 다른 이들을 구한 영웅에게 수여된다. 교사인 리처드 어빈 무어는 2013년 8월 하와이 와일레아에서 상어의 습격을 받은 한 여성을 구했다. 아마 뱀상어였을 것이다. 그는 푸른 바다에 뛰어들어 여성을 얕은 물로 끌어냈다. 또 다른 수상자인 로버트 웨인 크놀은 의식을 잃고 철도 선로에 쓰러진 오토바이 운전자를 막 접근하는 기차 앞에서 아슬아슬하게 구해냈으며, 앤드류 칼빈 침머는 화재가 난 집에서 침대에 누워있던 여성을 구했다. 제럴드 A. 마드리드는 정신이상자의 칼에 찔린 한 남자를 구했다. 영웅들, 모두 영웅들이다. 이들은 카네기 메달을 받았다.

중요한 질문은 아직 대답되지 않았다. 이들 영웅은 왜 영웅이 되었을까? 오랫동안 생각하고, 숙고하고, 재어보고, 그러고 나서 구했을까? 천만에! 카네기 영웅상 수상자들의 공통점은 그들이 우선 행동하고 나서 생각했다는 것이다. 그들은 이타적으로 행동했다. 그냥 직관적으로 말이다. 부다페스트의 동물원에서 익사하기 직전의 까마귀를 구한 곰과 비슷하게 말이다. 그 곰이 생각할 수 있다면, 뭔가 생각을 했을까? 아닐 것이다. 구하는 행동은 즉흥적이고 직관적인 행동이다. 바로 이 점이 중요하다. 우리는 도와주고, 협동하고, 즉흥적으로 생명을 구한다. 우리의 진화적 프로그램이 그렇게 되어있기 때문이다.

　그리고 이런 자연스런 행동이 생명을 구하고, 생존의 유익을 보장한다. 장구한 세월이 우리에게 이런 행동이 장기적으로는 모두에게 긍정적이라는 사실을 가르쳐준 것이다. 모두가 그렇게 생각하면 언젠가 영웅들에게도 유익이 돌아온다. 영웅들 역시 다음번에 즉흥적으로 행동하는 다른 영웅을 만나 생명을 건질 수 있을지 모른다. 그러면 이미 보상이 주어지는 셈이다. 우리는 '퀴드 프로 쿼'의 문화를 수립한다. 모두의 생존 가능성이 더 높아지기 때문이다.

　정리하자면, 협력하고 도우려는 의지는 자연 설계도의 일부인 듯하다. 우리가 직접적인 유익이 보이지 않는데도 즉흥적이고 직관적으로 친절을 베풀고, 도움을 줄 준비가 되어있는 것도 다 그런 이유다. 삶은 우리에게 장기적으로는 이런 전략이 유익하다는 것을 가르쳐주었다. 그래서 우리는 영웅도 되고, 은인도 되고, 친절하고 도움을 베푸는 사람들도 된다. 피구에이리도, 스쿠비, 카로바처럼 말이다. 물론 왕왕 다른 감정들이 이런 본능을 방해하기도 한다. 하지만 그건 별도의 장에서 다룰 문제다. 자, 이제 그 부분을 살펴보자.

6장

복수와 질투, 죽음의 드라마

그 호랑이는 정말
복수심에 불탔을까?

2007년 12월 24일. 카를로스 소사는 크리스마스 트리를 꾸미고 색색의 전구로 집안을 장식한 뒤 오클랜드 레이더스 점퍼를 입고 동물원에 갔다. 그리고 그곳에서 159킬로그램짜리 호랑이의 공격을 받고 숨졌다. 카를로스의 어머니는 카를로스가 평범한 10대 소년이었다고 말한다. 축구와 농구를 좋아하고, 친구도 많았으며, DJ를 꿈꾸던 소년. 학교에서 관련 수업을 들었고, 가족 파티에서는 아버지의 1970년대 음악과 요즘의 힙합, 랩을 믹스해서 음악을 틀어주기도 했다. 어머니는 "그는 정말로 운이 없었다(잘못된 시간에 잘못된 장소에 있었다)"며 눈물지었다. 그러나 단순히 운이 나빴던 것일까? 아무튼 확실한 것은 2007년 12월 24일 159킬로그램이나 나가는 시베리아 호랑이 타티아나가 카를로스를 죽이고 그의 두 친구인 폴 달리왈, 쿨비르 달리왈 형제에게 심각한 부상을 입혔다는 사실이다.

다른 상황들은 불확실하다. 타티아나가 어떻게 우리에서 탈출했을까? 타티아나가 넘어야 했던 담 벽은 안전기준에는 못 미쳤지만, 동물원 측에 따르면 이 호랑이가 혼자서 이 담을 뛰어넘는 것은 불가능하다는 주장이다. 누군가 난간 위로 다리나 팔을 늘어뜨리고 있어서, 타티아나가 기회를 틈타 그것을 움켜쥐고 담을 넘었던 것일까? 또 하나의 질문은 더 괴롭다. 타티아나가 왜 카를로스와 그의 두 친구를 공격한 것일까? 타티아나는 분명히 그 세 사람을 향하여 달려왔다. 먼저 달리왈 형제를 쫓던 타티아나는 카를로스가 다른 곳으로 유인하려 하자 그에게 달려들었다. 그리고 카를로스가 죽자, 폴과 쿨비르가 도망치면서 남긴 핏자국을 따라갔다. 동물원 카페까지 300여 미터를 따라가 두 형제를 다시금 공격하던 호랑이는 적시에 나타난 경찰에 의해 사살되었다. 두 형제를 따라가는 동안 타티아나는 다른 동물들의 열린 우리나 동물원 방문객들에게는 관심을 두지 않았다. 열린 우리로 들어가면 간식('작은 동물') 정도는 뚝딱 해치울 수 있었을 텐데 왜 그랬을까?

나중에 목격자들은 동물원 방문객들이 호랑이를 선동했다고 증언했다. 살아남은 달리왈 형제도 자신들이 타티아나에게 소리를 지르고 여러 제스처로 호랑이를 화나게 만들었다고 실토했다. 우리에 물건 같은 걸 던지지는 않았다고 주장했지만, 우리에서 낯선 물건들이 몇 개 발견되었다. 보드카와 마리화나도 있었다. 그러므로 타티아나가 공격한 동기는 한 가지밖에 남지 않는다. 바로

호랑이 타티아나는 왜 그 높은 울타리를 넘어 탈출했을까?
왜 무수한 인파와 다른 동물들을 외면하고
카를로스와 그의 친구들을 향해 돌진했을까?

복수심 말이다. 호랑이가 복수심을 느낀다고? 호랑이도 감정을 느낄 수 있을까? 비판자들은 그렇지 않다고 말한다. 감정을 느끼려면 지능과 사고력, 자기 반추능력, 인지능력 등이 필요한데, 동물들은 그런 것을 가지고 있지 않다고. 인간은 복수심을 키워 세심하게 계획하고 실행할 수 있다. 사고능력이 있고, 복수의 대상을 알고, 어떻게 하면 되갚을 수 있는지, 복수가 어떤 결과를 초래할지 알기 때문이다. 하지만 동물이 복수를 할 수 있다고?

블라디미르 마르코프가 살아있었다면, 그럴 수 있다고 확신했을 것이다. 그는 잘못된 적과 엮였다. 사냥 중이었던 블라디미르는 나중에 그를 살해한 동물에게 총을 한 발 쏘아 상처를 입히고 노획물을 탈취했다. 하지만 대적자는 살아남아 블라디미르의 자취를 추적해 그의 집까지 왔다. 그곳에 침입해 세간을 파괴하고는 매복해 있었다. 그렇게 12시간 혹은 48시간 정도 블라디미르가 집에 돌아오기를 기다렸다가 그를 죽여 잡아먹은 것으로 보인다. 블라디미르 마르코프 역시 호랑이에게 희생당했다.

"뚜렷한 목표가 있을 경우, 호랑이는 주변에 1만 명이 돌아다니더라도 이들 모두를 무시한 뒤 죽이고자 하는 세 사람을 찾을 것이다." 카를로스가 죽은 뒤 신문들은 어느 야생동물 전문가의 입을 빌어 그렇게 보도했다. 그 전문가는 호랑이가 복수를 했다는 해석에 의심의 여지가 없다고 말했다. 호랑이는 혼자 살기 때문에 싸움을 위한 싸움 같은 건 하지 않는다. 그는 먹잇감을 얻기 위해 싸울 뿐이다. 그런 호랑이가 복수를 위해 싸움을 한다고?

물론 다른 해석도 있다. 타티아나가 우리를 벗어나 카를로스와 달리왈 형제를 덮친 것은, 이들이 가장 가까운 곳에 있었기 때문이다. 카를로스가 당한 건, 그가 소리를 지르고 손짓을 해서 호랑이의 주의를 달리왈 형제에게서 돌리려 했기 때문이다. 이어 호랑이가 달리왈 형제의 핏자국을 따라간 것은, 그게 다른 사람들을 공격하는 것보다 더 쉬웠기 때문이다. 기왕 부상을 당했으니 이상적인 노획물이 아닐 수 없었다. 하지만 배가 고팠다면 카를로스로 배를 채우면 될 일이지, 왜 달리왈 형제를 추적했을까?

인간에게 감정이 있다는 사실은 분명하지만, 동물에게도 감정이 있는지에 대해서는 학계에서 논란이 분분하다. 동물들도 감정이 있을까? 그들도 복수심, 분노, 재미, 질투, 미움, 사랑 같은 것을 알까? 문외한으로서 카를로스 소사나 블라디미르 마르코프의 죽음을 전해듣는 사람은 복수심이 동물 정신의 설계도에 속하지 않는다는 걸 믿을 수 없어 한다. 마찬가지로 애완동물 주인들도 자신들이 키우는 동물들은 당연히 감정이 있다고 확신한다. 눈을 들여다보거나 신체 자세를 보는 것만으로도 동물이 지금 어떤 느낌인지 단박에 알 수 있다는 것이다.

물고기도 아픔을 느낀다

반면 다른 사람들은 동물이 실제로 감정을 느끼는 게 아니라, 감정을 느끼는 것처럼 행동할 뿐이라고 믿는다. 그들에 따르면 동물은 인간의 감정에 비견할 만한 느낌을 의식적으로 경험할 수 없으며, 동물의 행동은 오로지 외부의 영향으로만 설명할 수 있다는 것이다. 이런 시각으로 보면 동물은 단순히 외부의 자극에 반응하는 로봇(자동기계)과 같은 존재로 전락한다. 감정이 박탈되는 것이다. 어느 비판가는 이에 대해 동물에 대해 그렇게 생각하는 사람의 애완동물이 되고 싶지는 않다고 말한다. 아니면 이 역시 다시금 너무 인간적인 생각일까?

아닐 것이다. 자, 가장 중요하고 강력한 감정인 '고통'을 예로 들어보자. 동물이 고통을 느낀다는 사실은 명백하다. 얼핏 고통을 느끼지 않을 것 같은 동물도 마찬가지다. 낚시꾼들은 물고기가 고통을 느끼지 않는다고 말하지만, 연구에 따르면 그렇지 않

다. 무지개 송어의 입 주변에 꿀벌독이나 초산용약을 주사했더니 송어는 몇 시간 내내 아가미 뚜껑(아가미 덮개)을 퍼덕여서 주사 부분에 바람을 쐬어주고, 먹는 걸 중단한 채 수족관 바닥에 떠있거나 입을 유리벽에 문질러댔다. 이러한 모습을 통증 반응 외에 다른 무엇으로 해석하겠는가? 또한 송어에게 약품으로 통증을 가하자 송어들은 그들이 사는 수족관 속의 알록달록한 레고 탑에 무신경해졌다. 보통 이런 탑 앞에서 수줍은 반응을 보이는데 말이다. 그러다가 진통제를 투여하자 예의 그 수줍은 태도로 낯선 탑을 대했다. 그런데도 물고기가 고통을 느끼지 못한다고 말할 수 있을까?

상상하기 힘들다. 통증은 중요한 기능을 하기 때문이다. 통증은 뭔가 우리 신체와 맞지 않는 상황에 주목하게 하고, 대책을 세우게 해준다. 아픔을 느끼지 못한다면 뼈가 부러졌는데도 계속 뛰어다닐 것이고 뜨거운 것, 염증, 추위, 가시 같은 것도 다 무시한 채 뜨거운 화로에 무작정 앉아있게 될 것이다. 진화가 그런 행동을 장기적으로 용인했으리라고는 상상하기 힘들다.

화로 이야기를 하니, 우리가 주로 끓는 물에 산 채로 넣어 삶아서 레몬이나 타임 같은 소스를 뿌려 먹는 그런 종들이 떠오른다. 흔히 가재는 끓는 물 속에 풍당 넣어도 아픔을 느끼지 못한다고 하지 않는가. 그러나 많은 연구자들은 이 견해에 반대한다. 심지어 일부 연구자들은 가재가 특히나 민감하다고 주장한다. 가재나

게 등 갑각류는 동물이 감정이 없다는 가설을 증명할 최고의 후보로 여겨지는데, 정말로 그들에게 감정이 없는 걸까?

여기 실험결과가 있다. 실험을 통해 전기고문을 하면서 가재에게 스트레스를 주었더니, 가재는 전형적인 스트레스 반응을 보였다. 스트레스에 노출되지 않은 가재들은 호기심 있게 주변을 탐색하는 반면, 스트레스를 받은 가재들은 수족관의 어두운 구석으로 기어 들어가 밝은 자리를 피했다. 하지만 이 가재들에게 항불안제(불안완화제)를 투여하자 다시금 호기심 있게 주변을 탐색하기 시작하는 게 아닌가. 연구자들은 가재들이 스트레스도 알고 두려움도 안다는 결론을 내렸다.

다만 이런 반응도 감정에 속할까? 두려움, 복수심, 아픔, 고통 같은 것을 통틀어 감정이라 할 수 있을까? 감정이란 대체 무엇일까? 의학적으로 볼 때 감정이란 자율신경계에 변화를 초래하는 유기체의 상태를 말한다. 감정은 혈압과 심박동, 특정 부위의 혈액 순환, 얼굴 표정을 변화시킨다. 한마디로 말해, 감정은 우리의 신체 기능에 영향을 주는데, 보통 이에 대해 우리는 속수무책이다. 그런데도 우리는 행동과 미래에 영향을 미치는 감정의 영향을 과소평가하는 경향이 있다.

감정이 갖는 중요한 특성은 바로 이것이다. 감정적 반응은 의식적이고 인지적인 과정보다 더 신속하다는 것! 우선 감정이 밀려오고, 그 뒤에 생각을 한다. 먼저 소리를 지르고, 그 다음 생각한다. 우리는 종종 감정적으로 행동한다. 지금 그렇게 행동해야겠다고 결정하지 않은 채. 이런 행동이 장기적으로 유익할지 아닐지 사전에 따져보지 않은 채 말이다.

감정적인 행동을 가치 있게 만드는 것은 바로 신속하다는 점이다. 공포라는 감정을 예로 들어보자. 공포를 느끼면 호흡이 가빠지고 혈압이 높아지며 심박동이 빨라진다. 이로써 신체는 도망가거나 싸울 준비를 한다. 의식적으로 도망가거나 싸워야겠다고 결정하기 훨씬 전에 말이다. 이것은 단연코 영리한 일이다. 일단 도망치고 보자는 전략이 적대적인 환경에서 우리의 목숨을 구한다. 착각해서 별일도 아닌데 도망갔다고 하자. 그것이 나쁜가? 공포심 때문에 도망간 겁쟁이는 아직 살아있다. 하지만 검치호가 오는데도 도망가지 않은 자는 유전자 풀에서 제거된다. 공포 및 공포와 직접적으로 연결되는 반응들은 생존을 보장한다. 인간이든 동물이든 마찬가지다. 일단 도망하고 나서 그 이유를 질문해야 한다. 일단 소리를 지르고 나서 생각해보아야 한다.

이런 체계는 다른 감정에도 적용된다. 행복을 느끼는 사람에게서는 엔돌핀과 기타 체내의 아편이라 할 수 있는 것들이 분비된다. 이것들은 우리를 스트레스에 더 잘 저항할 수 있도록 준다. 하지만 신체는 왜 그렇게 할까? 우리를 행복하게 하는 행동이 생존을 보장하기 때문일 것이다. 음식을 먹는 것, 안전한 것, 단란한 가족이 있는 것. 그런 상황이 우리의 생존을 보장하기에, 신체

함부로 대하지 마라.

이 작은 기니피그들도 슬픔을 느낀다.

는 긍정적인 감정들로 그것들을 보상한다. 슬픔도 비슷하다. 뇌과학자들은 새끼들과 억지로 떨어뜨려 놓은 기니피그에게서 슬픔을 느끼는 사람과 똑같은 두뇌 영역이 활성화된다는 걸 발견했다. 기니피그들도 슬픔을 느끼는 것이다.

감정은 진화적으로 볼 때 생존을 보장하는 기제다. 그러므로 어찌하여 인간만이 감정을 가져야 하는가? 신경학적으로 볼 때 몇 가지 사실이 동물에게도 감정이 있음을 뒷받침해준다. 감정을 담당하는 피질하 구조물이 인간이나 동물이나 비슷하다는 점도 그 중 하나다. 쉽게 말해 감정의 엔진(기본적인 뇌구조들)이 구조상 기본적으로 동일한 것이다. 많은 흥분 과정(감정 과정)이 인간뿐 아니라 동물의 경우도 같은 두뇌 중추에서 일어나는 것이 틀림없다. 즉 동물이 감정을 갖지 말아야 할 이유가 무엇이란 말인가?

학자들이 진행한 신경 실험들은 동물에게도 감정이 있다는 또 다른 증거를 제공해준다. 동물의 특정 두뇌 영역에 전류 자극을 가하자 감정적 반응이 일어난 것이다. 동물의 두뇌에도 감정을 관장하는 영역들이 있다는 증거였다. 그러므로 동물이든 인간이든, 감정들은 특정한 두뇌 영역에 심겨있으며, 인간만이 가지고 있는 특권이 아니라고 봐야 한다. 인간들이 편도체(오래된 뇌에 속한다)가 활성화될 때 두려움을 느끼고, (쥐들의) 편도체에 전기 자극을 가하자 쥐들이 도망 반응과 경직 반응을 보였다면, 둘 모두 공포라는 같은 감정에 내몰리고 있다고 봐야 할 것이다.

하지만 동물들이 이런 감정을 의식적으로 느끼는 것이 아니라는 이견도 있다. 그런 견해에 따르면 인간에게만 의식이 있으며, 감정을 의식적으로 느낄 수 있는 것도 인간뿐이라고 한다. 물론 이런 견해를 증명할 방도는 없다. 우리는 동물이 무엇을 느끼고 무엇을 지각하는지 알지 못하니까 말이다. 인간에게야 물어볼 수 있지만, 동물에겐 그럴 수 없지 않는가. 초보적 감정만을 가진 동물은 배고픔 같은 것에는 익히 반응하지만 우리가 고급 레스토랑의 식사를 기대하는 것처럼, 먹이에 대한 미식가적 기대를 할 수는 없는지도 모른다. 그렇지 않을까?

동물은 기본 감정 혹은 초보적인 감정이라 부를 수 있는 것만을 지닌 건지도 모른다. 두려움, 분노, 슬픔, 기쁨, 싫음처럼 자동적으로 생겨나 반사적 행동에 이르고, 진화적으로 중요한 감정들 말이다. 이런 견해에 따르면 감정은 두뇌에 하드웨어처럼 심겨서 별도의 의식을 요구하지 않는다. 더 복잡한 감정? 그건 인간의 전유물이다. 정말 그럴까?

그거야 복합적인 감정이 무엇인지에 달려있다. 복합적인 감정이란 무엇일까? 질투? 카지노에 가서 돈을 땄을 때 무지하게 좋은 기분? 그렇다면 동물에게도 그런 것이 존재할까? 틀림없이 있는 것 같다. 자, 질투부터 시작해보자.

오, 위험하고 매혹적인 감정

질투는 가장 위험한 감정 중 하나다. 그것은 정말 오래된 감정이다. 우리가 동굴을 떠난 이후, 폭력범죄의 주된 이유가 된 감정! 구글에 '질투'라는 검색어를 입력하면 100만 개 넘는 결과가 뜬다. '질투'와 '아목amok'을 함께 검색하면 7만 3,000개의 결과가 뜨고, 질투와 살인을 검색하면 23만 개의 검색결과가 나온다. 질투와 드라마를 함께 검색하면 35만 개가, 질투와 폭력을 함께 검색하면 37만 개가 뜬다. 무려 37만 개 말이다.

이런 결과를 클릭해서 들어가면, 비슷비슷한 이야기가 전개된다. 빈 출신 대학생이 옛 여자친구의 새로운 남자친구를 칼로 자그마치 67번이나 찔러 살해했다. 그는 도망하면서 자신의 페이스북에 'shit'라고 포스팅을 했고, 사흘 뒤 빈에서 트램을 타고 가다가 체포됐다. 그러고는 하는 말이 자신의 옛 여자친구가 감옥에 찾아와 자신을 용서해주기를 바라며, 그 여자친구가 일말의 사랑

이라도 자신에게 느끼기를 바란다고 지껄였다. 비슷한 이야기로 핀란드에서는 43세의 남자가 전 여자친구를 살해하고 이어 여자친구의 직장인 쇼핑센터를 찾아가 그곳 직원 네 명을 사살한 뒤 집으로 돌아와 스스로 목숨을 끊었다. 이 남자의 가족들은 경악했다. 평소 그렇게 난폭한 사람이 아니었다는 게 그들의 맹세다. 그러나 남자들만 질투를 하는 것이 아니다. 버림받은 아내가 자신의 은색 폭스바겐 골프로 전 남편의 새 여자친구와 그녀의 두 살배기 딸을 치어버렸다. 문명화된 인간들의 모습이다.

질투와 폭력, 37만 개의 검색결과. 공식적으로 기재된 것만도 그렇게 많다. 구글에 뜨지 않는 것들도 어마어마할 것이다. 이런 마당에 질투가 인간 특유의 감정이라고 단정하는 것은 참 시니컬하게 들린다. 사랑이나 정의의 이름으로 행해지는 끔찍한 일들을 보면, 질투로 인한 범죄들이 오히려 인간적으로 보이긴 한다.

그렇다면 동물에게도 질투가 있을까? 당신에게 네 발 달린 사랑스런 친구가 있다면, 한번 스스로 시험해보라. 실험 하나. 어느 정도 살아있는 것처럼 보이는 강아지인형을 사서, 그 인형에 스피커를 달아 컹컹 짖기도 하고 낑낑대기도 하는 등 진짜 강아지 같은 소리를 내게끔 하라. 자, 이제는 이 실험의 좋지 않은 부분으로 들어갈 차례다. 당신이 봉제 강아지인형에게 엄청난 관심을 보이면서 예뻐해 주고 쓰다듬어 주고 말을 걸고 하라. 진짜 애완견은 제쳐놓고서 말이다. 이제 무슨 일이 일어날 거라고 생각하는가?

바로 그거다. 찬밥 신세가 된 애완견은 기대했던 반응을 보인다. 으르렁거리고, 낑낑거리고, 그르렁거리고, 봉제 강아지인형에게 공격적인 태도를 보인다. 그리고 봉제 라이벌과 주인 사이에 자꾸만 끼어든다. 반면 당신이 책이나 다른 물건에 집중하여 그것을 봉제 동물인형 대하듯 하면 강아지는 반응하지 않는다. 책은 라이벌이 안 되는 것이다.

질투는 순수하게 인간적인 일이라서, 동물 두뇌가 수행하기에는 너무 버거운 감정이라고? 확실한가? 유아들도 이미 질투하는 걸 관찰할 수 있으니, 질투가 후천적으로 체득한 사회적 고안물이 아님은 확실하다. 남매들, 친척들, 친구들 사이에도 질투가 작용하는 걸 보면, 이 모든 게 무엇인가에 좋을 수 있음을 암시해준다. 사회적 패거리를 보호한다거나 무리를 결집시키거나…. 이런 것들은 생존에 중요할 수 있다. 따라서 봉제인형 라이벌에게 만일을 위해 여기서 누가 1순위인지 보여주는 것이다. 이런 시각에 의하면 질투는 우리가 무리 속에서 지위를 잃어버리거나 아예 무리 자체를 잃어버릴까봐 두려워한다는 걸 보여준다. 그렇게 되면 생존이 위험해지기 때문이다.

열 받네, 아우! 성질 나

그러고 보니 인간은 질투를 참 많이 하며 산다. 하지만 보드게임을 할 때는 어떨까? 게임은 진화적으로 별로 중요하지도 않은 것으로 보이는데 말이다. 게임 따위에서는 감정적으로 더 품위 있게 행동해야 할 거라는 생각이 든다. 하지만 인간이 그러하던가. 천만의 말씀. 우리 중 거의 모두는 이미 한 번쯤 보드게임 말을 거실 바닥에 집어던지거나 로또 티켓을 찢어버리거나 화를 내며 게임을 중단시키고 주사위에다 욕을 퍼부어본 경험이 있을 것이다. 그렇다면 동물도 게임에서 지면 화를 낼까?

동물들도 그렇게 한다. 원숭이를 선택의 기로에 서게끔 해보았다. 그냥 안전하게 보통의 먹이를 먹을 것인가, 아니면 내기(베팅)를 해서 운이 좋으면 특별히 맛있는 먹이를 받고 운이 나쁘면 아주 맛대가리 없는 먹이를 받을 것인가. 원숭이들은 어떻게 했을까? 원숭이들은 기꺼이 위험을 감수하는 것으로 나타났다. 실험

에 참가한 침팬지의 3분의 2가 베팅하는 쪽을 택했고, 보노보 원숭이의 약 40퍼센트가 베팅을 택했다. 그리고 두 원숭이 모두 베팅에 져서 맛없는 먹이가 주어지면 상황이 불만족스럽다는 걸 강하게 피력했다. 소리를 지르거나 팔다리를 휘저으며 소란을 피우거나 몸을 마구 쥐어뜯었다. 만일 이들이 오락실에 앉아있었다면, 게임에 졌을 때의 인간 손님들과 구분이 가지 않았을 것이다. 따라서 다시 한 번 묻자. 동물들에게 감정이 없을까?

좋다. 질투도 있고, 복수심도 있고, 짜증도 있고…. 그렇다면 부러워하고 시기하는 마음은 어떨까? 침팬지에게 화폐를 제공해 보자. 플라스틱 화폐를 미리 주고 먹이와 바꿔 먹을 수 있도록 하는 것이다. 침팬지들은 배운 대로 한다. 하지만 그러다가 한 동료가 자기 눈앞에서 자신과 똑같은 플라스틱 돈을 내밀고는 훨씬 더 좋고 커다란 먹거리를 받는 걸 목격하면 어떻게 될까? 사람들은 이런 상황에서 어떻게 반응할까? 언짢아하고, 불만스런 소리를 내고, 소란을 피울지도 모른다. 원숭이들 역시 그렇게 반응했다. 그리고는 더 이상 돈으로 먹이를 바꾸어 먹기를 거부했다. 그들은 시기했으며, 차별대우받는 걸 좋아하지 않았다. 무엇보다 더 나은 대우를 받은 동료들이 그들과 별 유대관계가 없을 경우 시기심이 강하게 작동한 반면, 친한 구성원인 경우는 한층 더 편안하게 대했다. 어디서 많이 본 듯한 행동 아닌가?

강아지 주인들은 개들 역시 이런 불평등을 싫어한다는 사실을 잘 알 것이다. 당신이 키우는 애완견에게 "아무개야 손!" 하면서 당신 손 안에 그의 앞발을 올려놓게 하라. 동시에 그 옆에 이웃집 강아지가 있어, 그 강아지도 당신에게 앞발을 주게 하라. 그러고 는 다른 집 강아지가 앞발을 내밀면 맛난 비스킷을 주고, 당신의 애완견이 발을 내밀면 아무것도 주지 말라. 이제 무슨 일이 일어 날까? 맞다. 당신의 애완견은 이제 발을 주는 대신 하품을 하고, 주둥이를 핥고, 몸을 긁는 등 스트레스 반응을 보일 것이다. 이것 은 실험적으로 확인된 사실이다. 원숭이들과 마찬가지로 강아지 들 역시 부당하게 대우받았음을 느끼고, 이런 느낌을 표현하는 것 이다(자 이제 불쌍한 강아지를 괴롭히는 건 그만하자). 결론적으로 동 료들이 더 좋은 대우를 받는 걸 보면, 원숭이나 강아지는 부당함 에 대한 반감 혹은 시기로 해석할 수 있는 행동을 한다.

많은 실험들은 동물들이 특정 상황에서 인간과 비슷하게 반응 한다는 것을 보여주었다. 신경학적으로도 동물과 인간의 두뇌 구 조가 기본적으로 비슷하다는 것이 입증되었다. 그러므로 비슷한 행동은 비슷한 감정에서 기인하는 거라고 보면 되지 않을까? 또 이런 기본 감정들은 생존에 도움이 되기 때문에 진화상 필수적인 것이었을 테다. 이것이 바로 동물 역시 감정을 지니고 있는 이유 다. 하지만 이게 전부는 아니다.

까치들의 기이한 장례식

한 걸음 더 나아간 진화의 맥락에서 감정을 인식하는 능력은 생존에 매우 중요한 덕목일 수 있다. 상대방이 발끈하는지 흥분했는지 화가 났는지를 알면, 적절히 반응하여 싸움이나 오해를 피할수 있다. 인간의 경우 이를 감성지능(감정지능)이라 부른다. 강아지 주인들은 강아지가 주인이 슬프거나 위로가 필요한 때를 정확히 감지한다고 말하지 않는가? 이것이 바로 감정 인식 능력이다.

원숭이들에게도 이런 감정지능이 있음을 다음과 같은 실험이 보여주었다. 원숭이 1은 특정 소리가 들린 뒤 얼마 안 있어 전기 충격이 가해진다는 것을 배웠다. 원숭이 2는 다른 공간에 있어서 이런 소리를 듣지 못하는데, 모니터를 통해 원숭이 1의 얼굴만 보고도 언제 다음 전기 충격이 오게 될지를 감지하고 단추를 눌러이를 방지할 수 있었다. 동료의 표정에서 그가 전기충격이 올 것을 예상하고 있다는 사실을 알아챈 것이다.

그런데 흔히 '뒤섞인 감정'이라고 이야기하는 보다 복잡한 감정은 어떨까? 늦어도 이쯤 되면 학문적인 연구는 중단되고 일화적 증언이 시작된다. 행동학자들은 가령 고무로 만든 가짜 뱀을 풀밭 속으로 구불구불 기어가게 했더니 침팬지들이 호기심과 무서움이 섞인 감정적 반응을 보였다고 말한다. 생물학자 마르크 베코프는 기이한 장례식을 목격했다. 거리에 까치가 한 마리 죽어있었다. 차에 치인 것 같았다. 그런데 그 주변으로 네 마리의 까치가 모이더니, 한 마리가 시체를 조심스럽게 건드려보는 게 아닌가. 아직 살아있는지 확인하려는 듯했다. 이어 차례로 어디론가 날아가 약간의 풀을 가지고 돌아와서는, 그 풀을 죽은 까치 옆에 놓고 네 마리 모두 한동안 죽은 동료 주위에 가만히 서있었다. 그러다 차례로 사라졌다. 베코프는 자신이 이런 관찰기를 기고하자 비슷한 광경을 보았다는 많은 독자 편지가 도착했다며, 자기가 목도한 까치 장례식이 일회적인 경우는 아닌 듯하다고 말한다.

동물에게도 감정이 있을까? 단정할 수는 없지만, 많은 정황이 그렇다는 사실을 뒷받침해준다. 물론 동물은 인간처럼 고도로 발달된 전전두엽 피질을 가지고 있지 않다(전전두엽 피질 덕분에 인간은 자신의 생각을 반추할 수 있다). 그러므로 인간의 주관적인 느낌을 동물에게 그대로 적용하기는 어렵다. 게다가 우리는 동물에게 없는 또 한 가지를 가지고 있다. 그것은 바로 언어. 우리 체험의 상당부분은 언어 능력과 직결되어 있다. 말로 표현할 수 있기에 체험이 탄생하는 것이다. 그러나 동물의 경우, 의식과 느낌이 서로 얼마나 연결되어 있는지 우리는 알지 못한다. 신경학자 조지프 르두는 이렇게 말했다. "나는 쥐와 다른 포유동물, 심지어 바퀴벌레까지도(누가 알겠는가?) 감정이 있을 거라고 믿는다. 다만 이를 어떻게 증명해야 할지 알지 못한다."

동물에게 감정이 없다고 단정하는 것은 인간의 오만에서 비롯된 실수일 터이다. 반대로 동물에게 지나치게 많은 감정을 부여하는 것 역시 그들을 너무 의인화시키는 행동일 터이다. 다만 동물의 감정에 대한 질문이 도덕적인 문제와 연결된다면, 동물들을 위해서라도 우리가 착각을 하는 편이 더 좋을 것이다.

만일 카를로스 소사에게 동물의 감정에 대한 질문이 주어진다면, 그는 어깨를 으쓱하며 어떻게 대답하든 결과는 똑같다고 말할 것이다. 그 호랑이는 복수를 한 것인지도 모른다. 그러나 어쩌면 그는 단지 운이 없어서 호랑이에게 걸려들었지도 모른다.

7장
———

언어수업 시간

그 새는 논쟁에서
훈수까지 두었다

이레네 페퍼베르크가 알렉스를 마지막으로 보았을 때 이레네는 알렉스에게 잘 자라고 인사했다.

"그래. 사랑해." 알렉스가 대답했다.

"나도 사랑해." 이레네 페퍼베르크가 말했다.

"내일 오지?"

"그럼. 내일 보자."

이레네 페퍼베르크가 다음날 아침 실험실에 갔을 때, 알렉스는 죽어있었다. 기대수명보다 훨씬 이른 시기이긴 했지만 자연사였다. 기대수명은 60세에 달하는데, 알렉스는 31세에 죽었다. 이레네의 말에 따르면 31세의 알렉스는 만 다섯 살 아이 정도의 지능에 150개의 단어를 구사했다. 50여 개의 사물 이름을 알고 그것들의 색깔, 형태, 재료를 묘사할 수 있었다. 자신이 갖고 싶은 물건을 가져다 달라고 부탁할 수 있었으며, 틀린 것을 가져다 주면 받

아들이지 않고 재차 부탁했다. '크다' '작다' '같다' '다르다'는 개념을 이해했으며 여섯까지 셀 수 있었고, 0이라는 개념도 이해했다. 앵무새로서는 나쁘지 않았다.

이레네 페퍼베르크는 인내심 있는 교사였다. 브루클린에서 자란 이레네는 네 살 때부터 애완동물을 키웠고, 동화 속의 둘리틀 박사처럼 동물들과 이야기 나눌 수 있기를 꿈꾸었다. 이레네는 보스턴 유수의 대학인 MIT(매사추세츠공과대학)에서 화학을 전공했다. 그 뒤 업무상 동료들과 주고받는 이야기 외에 그녀가 나누는 유일한 대화는 앵무새와의 대화가 전부인 날도 많았다. 그러니 어느 순간 동물 연구 쪽으로 진로를 변경한 것도 놀랄 일이 아니었다. 1977년, 28세에 그녀는 애완동물 가게에서 알렉스를 구입했다. 이레네는 자신이 무엇을 하고 싶은지 잘 알고 있었다. 바로 동물과 대화를 나누는 것 말이다.

그때까지 앵무새에게 전격적으로 언어를 가르치려는 시도가 성공한 예는 없었다. 반면 알렉스는 어느덧 말을 배워 귀찮은 존재로 발전했다. 실험실에서 논쟁에 종종 끼어들어 "나 지금 가야해." 또는 "진정하라고."라며 훈수를 두곤 했다. 물론 1970년대에도 이미 앵무새들은 "폴리 과자 먹고 싶어." 등의 말을 할 수 있었다. 그러나 그것은 단순히 외워서 흉내내는 말이었다. 상황에 맞든 맞지 않든 기계적으로 같은 말을 반복할 뿐이었다. 그러니까 "폴리 과자 먹고 싶어."라는 말을 하면 포상이 주어진다는 것을 배웠을 뿐, 무엇을 '하고 싶다'라는 말이 무슨 의미인지 이해하지는 못했다. 가령 이 말을 "폴리 자고 싶어"라는 식으로 응용할 능력은 없었던 것이다. 그런데 알렉스는? 알렉스는 달랐다. 이레네 페퍼베르크 덕분이었다.

이레네는 앵무새가 지금까지 실험실에서 보여주었던 것 이상의 능력을 가지고 있다고 확신했다. 이런 확신이 맞는다면, 지금까지의 실패는 앵무새 탓이 아니라 앵무새를 트레이닝하는 방법에 문제가 있었던 것이다. 그래서 이레네는 다른 방법을 적용해보기로 했다.

이레네는 알렉스에게 특별한 방식의 수업을 했다. 1970년대 독일의 한 학자가 개발한 방식으로 성과는 높지만, 좀 낭비적인 방법이었다. 교사 혼자 수업을 하는 게 아니라 두 사람, 즉 교사 한 명과 학생 한 명이 필요하기 때문이었다. 수업은 교사가 인간 학생 앞에서 물건 하나를 높이 들어올리며, 학생에게 그것의 색깔이나 형태를 묻는 식으로 진행되었다. 학생이 옳게 대답한 경우 교사는 학생에게 그 물건을 주며 가지고 놀 수 있게 했다. 반면 학생이 틀린 대답을 하면 교사는 학생을 꾸짖고는 물건을 치워버렸다. 알렉스는 이 모든 광경을 지켜보았다. 즉 수동적인 관찰자로서 배웠던 것이다. 때로 학생은 알렉스에게 물건을 보여주기도 했고, 왕왕 교사와 학생이 역할을 바꾸기도 했다.

왜 앵무새일까? 이레네 페퍼베르크의 아이디어는 단순하다. 앵무새들은 빽빽한 원시림에서 커다란 무리를 지어 살기 때문에, 그런 상황에서는 서로 의사소통을 하는 게 생존에 중요할 거라는 논리이다. 가령 미국의 박새도 그렇다. 몸길이 약 13센티에 검정, 하양, 회색, 밝은 갈색이 섞인 깃털이 아름다운 이 새는 "치–커–디–디–디"라는 소리로 울어서 영어 이름이 '치커디'이다. 그리고 이런 울음이 생존에 절대적인 역할을 하는 것으로 보인다.

"치-커-디-디-디,
적들이 공격한다"

귀엽게만 들리는 "치-커-디-디-디"라는 울음은 적에 대한 경고를 전달하는데, 지금까지 추측했던 것보다 훨씬 디테일한 것으로 알려졌다. 박새는 "치-커-디-디-디"라는 소리로 동료들에게 적이 공중에서 다가오고 있는지, 땅에서 다가오고 있는지, 규모가 얼마나 큰지, 얼마나 위험한지를 전달할 수 있다.

　이런 식의 의사소통 대가는 프레리도그라 불리는 미국의 땅다람쥐다. 미국 서부를 연구하기 위해 윌리엄 클라크와 더불어 전설적인 루이스-클라크 탐험을 주도했던 메리웨더 루이스는 프레리도그를 '짖어대는 다람쥐'라 불렀다. 루이스는 미국의 대통령 제퍼슨에게 이 다람쥐 한 마리를 선물했다고 한다. 가엾게도 이 다람쥐는 루이스가 자신의 집에 몰래 접근하는 소리를 제대로 듣지 못했던 게 틀림없다. 사실 프레리도그들은 믿을 수 없을만치 세련된 경고체계를 가지고 있어, 다가오는 훼방꾼이 파란 셔츠를 입었

는지 노란 셔츠를 입었는지를 경고음을 통해 전달할 수 있다(훼방꾼이 초록 티셔츠를 입은 경우는 이것이 작동하지 않았는데, 그것은 프레리도그들이 모든 색깔을 구별해낼 수 있는 게 아니기 때문으로 사료된다). 30년째 이런 앙증맞은 동물들의 언어를 연구해온 노던애리조나 대학교 교수 콘 슬로보드치코프는 여기서도 진화적인 유익을 점친다. 강도의 '인상착의'를 정확히 묘사해낼수록, 이 강도의 다양한 사냥 방법에 대해 더 잘 대비할 수 있다는 것이다. 가령 코요테와 대적할 때 프레리도그들은 상대를 의도적으로 주목하는 자세를 취한다. 일단 한 번 발각되고도 잡히지 않으면 코요테들은 곧바로 포기해버리기 때문이다. 반면 오소리가 나타나면 얼른 집 속으로 숨어버린다. 오소리는 먹잇감을 발견하면 절대 포기하지 않기 때문이다. '서로 다른 사냥꾼, 서로 다른 방어전략, 그러므로 서로 다른 신호'라고 정리할 수 있겠다.

동물들이 서로 의사소통을 한다는 것은 틀림없는 사실이다. 다만 의사소통이 모두 담소를 나누는 형태는 아니며, 정보교환을 한다고 하여 그것이 곧 언어라고 볼 수는 없다. 세금 개혁이나 나쁜 날씨에 대해 논하는 침팬지들을 알고 있는가? 동물에게도 언어가 있을까? 그렇다면 무엇이 언어를 언어로 만드는 것일까?

언어의 기본적인 요소는 학자들이 창조성이라고 부르는 것이다. 새로운 말을 만들어내고, 새로운 소식을 생산하고 이해하는 능력 말이다. 이런 특성은 동물의 언어에서 체계적으로 나타나지는 않는다. 그러나 앵무새 알렉스는 꽤 창조적이다. 가령 알렉스는 케이크를 'yummy bread' 즉 맛있는 빵이라 불렀다. 이름을 알지 못하는 맛난 먹거리에 대해 이미 알고 있던 단어를 창조적으로 조합했던 것이다. 그리고 'p' 발음을 제대로 할 수 없었기 때문에 애플, 즉 사과를 '바나나'와 '체리'를 섞어 'banery'라고 불렀다. 사과는 그에게 바나나와 체리를 믹스해놓은 먹거리였다.

언어의 또 다른 요소는 의미성이다. 즉 언어음이 추상적인 표상과 연결되어 있다는 것, 음절이 상징처럼 기능한다는 뜻이다. 가령 '고양이'라는 단어는 털이 북슬북슬하고 그르렁거리며 날카로운 발톱으로 주로 자기보다 하위에 속하는 존재들의 피부를 할퀴는 대상을 가리킨다. 우리가 예민하고 앙칼진 사람을 '고양이 같다'고 말할 때, 이 단어는 상징성을 띠는 매우 추상적인 단어일 뿐이다.

동물의 언어에도 그런 것이 있을까? 단언하기 힘들다. 하지만 프레리도그의 세련된 언어는 최소한 그런 가정을 완전히 배제할 수 없음을 보여준다. 물론 프레리도그의 어휘는 교육받은(혹은 무학의) 인간의 어휘를 따라잡지 못한다. 인간은 기본적으로 상당한 양의 언어를 추상적으로 사용할 수 있다.

언어의 또 다른 특성인 소위 거리두기 능력의 경우는 어떨까? 인간은 언어를 도구로 하여 이미 몇 달 지난 일 혹은 몇 킬로미터 떨어진 장소의 일에 대해 이야기한다. 추상적인 일, 우리 앞에 곧

장 놓여있지 않은 일, 아직 닥쳐오지 않은 일에 대해서도 이야기
한다. 프레리도그가 노란 티셔츠를 경고할 때, 그것은 직접적인
상황이다. 프레리도그의 의사소통은 철저히 여기, 그리고 지금 일
어난다. 우스꽝스럽고 귀엽게 생긴 프레리도그들이 옛날에 못된
루이스라는 작자가 자신들의 동료 중 하나를 유괴했는데, 그 작
자의 티셔츠는 무슨 색깔이었는지 이야기할 수 있을까? 아마 불
가능할 것이다.

그러나 여기에도 예외는 있다. 거리두기 능력을 보여주며 의사
소통을 하는 열정적인 댄서들이 존재하는 것이다. 그들은 원형
춤, 흔드는 춤, 떠는 춤을 춘다. 이것만으로도 춤 선생을 하면 좋
은 수입이 보장될 정도다. 그러나 이 모든 것의 백미는 정확한 안
무에 따라 진행되는 꼬리춤이다. 여기서 춤꾼은 태양의 위치를 고
려해 춤의 방향을 바꾸고 배를 흔드는 속도에도 변화를 주는데,
이런 동작들이야말로 거리두기 능력을 보여주는 확실한 예이다.

열정적인 댄서는 다름 아닌 꿀벌들이다. 꿀벌들은 풍부한 밀원
이 있는 장소를 벌통의 동료들에게 알리기 위해 꼬리춤을 춘다.
어떻게 꼬리춤꾼이 되는 걸까? 여기 지침이 있다. 근육을 이완시
키고는 가족에 둘러싸여 한가운데 선다. 그리고 시작한다. 춤은
여러 부분으로 구성된다. 꼬리춤을 추는 단계에서는 엉덩이를 양
옆으로 초당 최대 15번씩 흔든다. 그런 다음 원을 그리고 나서,
다시금 꼬리 춤을 춘다. 이런 동작은 몇 분 동안 계속되기도 한

다. 전통적인 이론에 따르면 이런 꼬리춤으로 꿀벌 동료들에게 먹이가 있는 곳의 위치와 거리를 전달한다. 태양을 기준 삼아 몸의 방향으로 밀원이 어느 쪽에 있는지를, 춤의 속도로 꿀이 있는 곳까지의 거리를 전달해준다. 춤 속도가 75밀리초씩 느려질수록 밀원이 100미터씩 더 멀리 있음을 상징한다.

이런 견해가 맞는다면, 꿀벌들의 춤은 거리두기 능력을 보여주는 확실한 사례로 해석할 수 있다. 벌들은 가히 눈에 보이지 않는 추상적인 것들에 대해 이야기하는 것이다. 하지만 확정적으로 말할 수는 없다. 꿀벌들의 춤이 과연 밀원의 위치를 알리는 메시지를 담고 있는지 의심하는 연구자들도 있기 때문이다. 그들은 꿀벌의 춤을 단순히 떼를 지어 모이라는 일반적인 요구로 이해해야 한다며, 밀원의 방향 지시 기능은 그다지 신빙성이 없다고 말한다. 실험에서 꼬리춤을 본 꿀벌들의 93퍼센트가 춤을 무시한 채 이미 알고 있던 밀원으로 날아갔으며, 또 다른 벌들은 춤을 50라운드까지 보고 난 후에도 아무것도 찾지 못했다는 것이다. 꼬리춤 비판가들은 꿀벌들은 먹이를 찾을 때 동료의 춤이 아니라 후각의 인도를 받는다고 말한다. 따라서 꿀벌의 춤은 언어의 거리두기 능력과는 별 관계가 없는지도 모른다.

동물에게 언어를 가르친다고?

좋다. 거리두기 능력이 전부는 아니니까. 언어에는 또 다른 일련의 특징들이 있다. 하나씩 꼽아보자면, 동물계에서도 적용되는 특성들이 있겠지만 우리 중 대부분은 동물계에는 인간의 언어 같은 것이 없다는 논리에 동의할 것이다. 언어를 이루는 모든 특성과 규모를 생각하면, 인간만이 유일하다고 말이다.

우리의 어휘는 (최소한 이론에 따르면) 어마어마하다. 우리는 반어, 비꼬기(비꼼 탐지기가 있다면 얼마나 유용할까?), 위협뿐 아니라 복잡한 설계도나 댄스 스텝으로도 의사소통을 한다. 적과 먹이에 대해서뿐 아니라 신과 악마에 대해서도 이야기하고, 아직 보지 못한 장소나 사람, 사물에 대해서도 묘사한다. 심지어 우리 자신에 대해, 이웃에 대해서도 이야기할 수 있다. 우리는 논리를 전개하고 나쁜 농담도 할 수 있다. 동물들도 그런 게 가능할까?

질문을 좀 바꾸어야 할지도 모른다. 동물이 그것을 '지금' 할 수

있느냐고 묻지 말고, 그런 것을 할 만한 '잠재력'이 있는가를 물어보자. 동물들에겐 우리가 생각하는 것보다 더 많은 언어적 잠재력이 있지 않을까? 이런 언어적 잠재력을 이끌어내려는 시도는 많이 있었다. 1930년대에 암컷 침팬지 구아는 인간 아이처럼 키워졌다. 켈로그 부부가 구아에게 배내옷을 입히고, 숟가락으로 먹이를 먹이고, 계속해서 구아와 이야기를 했으며, 구아가 70개의 어휘를 이해한다고 주장했다. 그러나 말은 한 마디도 하지 못했다. 구아와 같은 암컷 침팬지 비키는 어쨌든 세 단어를 말하는 데 이르렀다. 엄마, 아빠, 컵! 3년 간의 열렬한 트레이닝 후 고작 세 단어를 발음했다. 이것을 언어라 할 수 있을까?

침팬지에 대한 기대가 너무 컸던 탓인지도 모른다. 침팬지는 우리와 비슷하게 생겼지만, 그들의 성대는 외, 우 이, 그, 크 같은 발음을 하기에 적합하지 않다. 하물며 우리 보통 사람들에게도 버거운 단어들을 연달아 발음할 수 있겠는가.

그리하여 침팬지의 자연스런 신체적 한계를 고려해 수화를 가르쳤더니 훨씬 성공적이었다. 암컷 침팬지인 워쇼는 1960년대 말에 132개의 수화 단어를 일반적인 의미로 자연스럽게 사용하기에 이르렀다. 워쇼는 가령 '사과'라는 말을 상징하는 수화를, 자기 바로 앞에 놓인 사과가 아닌 일반적인 사과라는 개념에 적용했으며 단편적인 문장도 구사했다. "나를 긁어줘gimme tickle." "냉장고를 열어open food drink." 또는 "나무딸기 덤불로 가자sweet go." 동물이 언어를 배울 수 있다는 생각에 나는 한 표를 던지겠다.

그러나 확신에 찬 표는 아니다. 다른 원숭이들에게도 수화를 가르치고 그들 역시 서너 단어를 나열해 문장 비스름한 분위기를 낼 수 있었지만, 단어 조합이 길어질수록 반복이 많이 들어갔다. 가령 워쇼의 동료인 님은 수화로 이렇게 말했다. "give orange me give orange me eat orange give me eat orange give me you."

불쌍한 님, 누군가 어서 오렌지를 하나 주어야 할 텐데. 하지만 우리가 '말하는 원숭이들'의 세계에서 놀라운 능력을 발견했다손 쳐도, 원숭이와 유아의 언어습득 능력 상 차이는 너무 커서 비교가 안 될 정도다. 둘 모두 느리게, 힘들게 배우고 언어 레퍼토리가 한정되어 있다고 하지만 달라도 너무 다르다. 동물은 철학 논리를 전개하거나 트위터를 하기 위해 언어를 사용하는 것이 아니라 먹이, 적, 짝짓기 등 삶에서 필수적인 것들의 도구로 언어를 사용하는 듯하다. 물론 그조차 사뭇 인간적으로 들리지만 말이다.

따라서 동물들은 문장 구성이나 문법에는 취약할까? 꼭 그런 건 아니다. 어린 시절부터 늘 유쾌한 동물로 우리의 기억 속에 자리잡은 동물에게 물어보자. 물론 그 동물이 우리가 생각하는 것만큼 유쾌하게 지내지는 못했지만 말이다.

돌고래 캐시는
자살한 것이다

릭 오배리는 굴곡진 인생을 살았다. 그는 1960년대 특히 지능이 높다고 알려진 병목돌고래 다섯 마리를 훈련시켰다. 이들 돌고래를 텔레비전 시리즈인 '플리퍼'에 출연시키기 위해서였다. 이 시리즈의 주인공은 플로리다 연안에서 인간 친구인 포터 릭스와 그의 아들들 샌디, 버드와 함께 사는 돌고래로, 매 회 불행이나 범죄, 혹은 위험한 일이 생길 때 최후의 순간에 나타나 구원투수 역할을 한다. 늘 기분이 좋은 우리의 좋은 친구, 돌고래.

사람들의 눈엔 이 돌고래와 저 돌고래가 구분되지 않고 그게 그걸로 보인다. 따라서 '플리퍼'의 주인공은 사실은 다섯 마리의 서로 다른 돌고래로 구성되어 있었다. 물론 모두 릭 오배리가 훈련을 시켰다. 오배리는 자신의 일을 자랑스러워 했다. 시리즈가 방영될 때면, 텔레비전을 끌어다 놓고 돌고래들로 하여금 볼 수 있도록 했다. 당시 오배리는 돌고래들이 정말로 텔레비전에 나오

는 자신들의 모습을 알아본다는 걸 실감했다고 말한다. 이것은 릭 오배리가 자신의 일을 심각하게 되돌아보게 된 첫 번째 계기였다.

두 번째 계기는 더 비극적이었다. 수제자였던 암컷 돌고래 캐시가 1970년대 초 그의 품에서 죽고 말았던 것이다. 오배리는 이것을 자살이라 확신했다. 캐시가 더 이상 갇혀 사는 삶을 견딜 수가 없어서 의식적으로 숨을 참아 죽음에 이르렀던 것이라고. 오배리의 가슴은 무너져 내렸다. '플리퍼' 시리즈가 이어지면 돌고래가 계속 필요할 것이며, 자신이 이 일을 계속하다간 평생 돌고래를 괴롭히며 살겠구나 하는 생각이 뼈저리게 들었다. 그렇게 오배리는 캐시가 죽은 뒤 완전히 다른 사람이 되어 바하마 군도에서 고래들을 풀어주려다가 감옥으로 직행했다.

이후 오배리의 삶은 180도 바뀌었다. 오배리는 유명한 돌고래 보호운동가가 되었고, '더 코브The Cove : 슬픈 돌고래의 진실'이라는 다큐멘터리를 통해 일본의 타이지 마을에서 자행되는 잔인한 돌고래 사냥을 고발했다. 최상급 고래들은 생포되어 아쿠아리움과 돌고래 쇼를 하는 곳에 고가로 팔리고, 나머지 고래는 살육되어 식용으로 판매된다. 유쾌하고 평화로운 돌고래들이 잔혹하게 살육되는 장면은 정말이지 끔찍해서, 이 다큐멘터리를 보면 과연 돌고래와 인간 중 누가 문명화된 종족인지 묻지 않을 수 없다.

그런데 돌고래가 정말 똑똑할까? 1970년대에 연구자 루이스 허

돌고래에게 말을 가르친다고?

그들이 문법을 이해한다고?

그렇다. 그들의 언어감각은 예상 외로 탁월하다.

뭐, 놀라운 일도 아니다.

먼이 병목돌고래 두 마리에게 말을 가르치기 시작했다. 둘 모두 인공 언어를 배웠는데, 아케아카마이는 수신호로 된 시각언어(수화)를 배웠고, 퓌닉스는 소리로 된 청각언어를 배웠다. 컴퓨터로 생성되는 신호를 수중에 설치한 스피커를 통해 전달하는 방식이었다. 아케아카마이와 퓌닉스는 그런 방식으로 언어를 습득했을까? 그랬다. 그들은 대상의 이름, 행동의 명칭, 대상들 사이의 관계를 나타내는 호칭들을 습득했다. 위, 아래, 오른쪽, 왼쪽과 같은 위치 지시어도 배웠다. 문법도 배워서, 여러 단어가 나열되어 있을 때 단어의 위치에 따라 의미가 달라진다는 사실도 익혔다. 이들은 총 30~40개의 단어를 배웠고, 이들 단어를 서로 다르게 배열해 수천 개의 문장을 조합할 수 있는 능력을 지니게 되었다.

아케아카마이와 퓌닉스는 그렇게 조합된 문장들을 소화했다. "지느러미로 왼쪽 프리스비를 건드려." 또는 "서핑 보드를 뛰어넘어." 등의 명령뿐 아니라 단어의 배열 순서에 따라 의미가 달라진다는 것도 이해했다. "person bring surfboard."라고 요구하면 서핑보드를 헤엄치고 있는 사람에게 가져다주었고, "Surfboard person bring."이라고 명령하면 사람을 서핑보드에게로 데려갔다. "왼쪽 바구니, 오른쪽 공"이라는 명령에 이 두 마리의 돌고래는 오른쪽에 있는 공을 왼쪽 바구니에 넣었고, "오른쪽 바구니, 왼쪽 공"이라고 말하면 왼쪽에 있는 공을 지느러미를 이용해 오른쪽 바구니로 보냈다.

연구자들은 이 돌고래들이 문법적 오류도 알아낼 수 있는지 테스트했다. 가령 "person hoop bring." "Person loudspeaker bring." "Person loudspeaker hoop bring."이라고 명령했다고 하자. 첫 명령은 명백해서, 돌고래는 얼른 후프를 사람에게 가져다주었다. 두 번째 명령은 문법적으로는 의미가 분명한데, 대체 어떻게 하라는 건지 모호한 내용이었다. 그도 그럴 것이 물속에 있는 스피커는 수조 벽에 고정되어 있기 때문이었다. 그래서 돌고래는 이런 명령을 수행하지 못한 채 아무 조치도 취하지 않고 가만히 있었다. 세 번째 명령은 문법적으로 난센스지만 'Person hoop bring' 또는 'Loudspeaker hoop bring'으로 해석될 수 있었다. 돌고래들 역시 이런 명령에 사람에게 후프를 가져가거나('Person hoop bring'), 후프를 스피커에게로 가져가거나('Loudspeaker hoop bring') 하는 식으로 반응했다.

이것만으로도 동물에게 언어감각이 있다고 할 수 있을까? 최소한 언어 근처는 간 것 같다. 문법이 인간만의 전유물은 아닌 듯하다(오로지 인간만이 문법을 이해하는 건 아닌 듯하다). 그렇다면 언어의 또 다른 섬세성을 보여주는 사투리는 어떨까? 여러 언어가 있을 뿐더러, 나아가 한 가지 언어에도 방언이라 불리는 지역적인 특색들이 있지 않은가. 세상에나! 이제 언어를 배우는 것으로도 모자라 다양한 사투리까지 배워야 한다고? 대체 누가 그런 것을 필요로 할까.

사투리 쓰는 남자가
나는 좋아!

독일 바이에른 사람들이 절실하게 사투리를 필요로 한다. 그곳에
는 두려움이 일고 있다. 사멸에 대한 두려움. 정확히 말하면 바이
에른 방언이 사라지는 것에 대한 두려움 말이다. 바이에른 교사
총연합은 큰 걱정을 하고 있다. 대표인 클라우스 벤첼은 바이에
른 방언이 차별대우를 받고 낙인찍히고 있다고 탄식한다. 사투리
를 쓰면 뭔가 뒤처진 사람이거나 교양이 없는 사람 같은 이미지가
있는데, 이는 선입견이라고 벤첼은 말한다. 표준어 외에 방언까지
배우다 보면 오히려 언어능력, 인지능력, 사회능력이 더 좋아진다
는 것이다. '바이에른 방언 장려협회'도 그런 관심사를 대변한다.
학생 시절 바이에른 사투리 때문에 놀림을 받았던 여교사인 줄리
에타 라이터는 이런 방언 장려운동의 선봉에 서서, 만 5~7세 아
동을 대상으로 바이에른 사투리 수업을 진행하고 있다. 그녀는 이
를 통해 전통과 문화를 전수할 뿐 아니라, 언어 중추도 자극할 수

있다고 말한다. 그러니 어떤 부모들이 반대하겠는가?

하지만 반대의 목소리도 만만치 않다. 그 이유는 방언이 점점 사멸되고 있기 때문이다. 언어는 오늘날 라디오와 텔레비전을 통해 거실로 유포되고, 언론이 쓰는 언어가 그 나라의 표준어이다. 그리고 점점 인구 이동이 증가해 더 이상 고향에 머물지 않고 다른 지역으로 이주하는 사람이 늘어나고 있다. 이런 추세는 언어의 경계가 허물어지는 결과를 초래한다. 비단 바이에른뿐만이 아니다. 다른 여러 나라에서도 방언을 구하기 위한 목소리와 굳이 그게 필요하냐는 반론이 비등하게 대립한다. 아무튼 사멸해가는 방언을 구하기 위해 메클렌부르크 포폼메른 지역의 몇몇 유치원에서는 저지독일어를 사용하고 있으며, 함부르크의 몇몇 초등학교 역시 저지독일어 수업을 진행하고 있다.

하지만 왜 방언을 구하고자 하는 걸까? 사투리가 무슨 의미가 있기에? 뭔가 유용성이 있기는 한 듯하다. 그렇지 않다면 지저귀는 새들이 사투리를 고집하는 걸 어떻게 설명할 수 있겠는가? 암컷 새들은 지역 방언으로 속삭이는 돈 후안을 더 선호한다. 즉 새들도 인간처럼 지역 사투리를 쓰는 것이다. 함부르크 출신 새는 작센 출신 새와 다르게 노래한다. 그리고 인간들과 마찬가지로, 암컷 새들은 지역 방언으로 유혹하는 수컷 새들을 좋아한다. 대체 왜 그럴까?

한 가지 설명은 지역 방언으로 노래하는 새는 그 지역에서 자란

새이며, 이것은 그 새가 오랫동안 이 지역에서 살아온 '가문' 출신임을 의미한다는 것이다. 그로써 그는 자신이 이 지역에서 살기에 가장 좋은 특질들로 무장하고 있음을 증명한다. 이런 특질들이 후손에게 어마어마한 진화적 유익이 되는 것은 물론이다. 따라서 암컷 새가 바이에른 사투리를 구사하는 수컷 새와 짝짓기를 하는 것은, 그 수컷 새가 자신이 잠재적 아버지로서 앞으로 태어날 새끼새들에게 바이에른에서 살아남는 데 유용한 특질을 물려줄 수 있다고 신호했기 때문이다. 작센 출신 구혼자는 작센에서 살아남는 데 유용한 능력만을 물려줄 수 있을 뿐이라 이사를 감행하기 전에는 별 소용이 없는 것이다. 따라서 바이에른 출신들과 작센 출신들은 각각 끼리끼리 머문다.

하지만 최근 연구자들은 조류 세계에서 암컷 새들이 사투리를 좋아하는 이유에 대한 또 다른 설명을 내놓았다. 학자들의 말에 따르면 힘든 시기에 자라 먹거리를 별로 찾지 못하고 배를 곯아야 했던 새는 지역에서 유행하는 노래를 제대로 배우지 못한다고 한다. 지역 방언을 제대로 구사하지 못한다는 것은 어릴 적 영양상의 어려움을 겪었고, 그로 인해 면역체계가 약하다는 뜻이다. 그러므로 방언 구사능력은 데이트 기술적으로 암컷에게 짝짓기 여부를 결정하게 하는 기준이 된다. 작센 출신의 암컷은 따라서 작센 사투리를 쓰는 수컷을 좋아한다. 완벽한 사투리가 건강한 유년을 보냈다는 표시이고, 그로써 건강한 유전자를 전수해줄 수 있는 녀석임을 암시하기 때문이다.

언어는 불가사의한 것이다. 세계적으로 약 6,000개의 언어가 사용되고 있지만, 우리는 그것들이 어떻게 생겨났는지 모른다. 또 우리가 어느 정도를 선천적으로 타고나며, 어느 정도를 후천적으로 습득하는 것인지도 아직 알지 못한다. 우리는 언어를 사용해 위험을 경고하고, 파트너를 찾고, 먹이가 있는 곳을 신호하고, 추상적인 것들에 대해 논하고, 다가오는 위험과 미래와 과거에 대해 이야기하고, 적과 친구와 우리 자신에 대해 이야기한다. 언어는 세상을 알아가고, 이해하고, 자기자신에 대해 생각하며, 그외 여러 가지를 하기 위한 중요 수단이다. 언어는 우리가 누구인지에 대한 열쇠이며, 지능의 열쇠이기도 하다. 아케아카마이, 푀닉스, 알렉스 같은 동물들이 최소한 언어의 요소들을 습득할 수 있었다면, 지능이 꽤 높다고 볼 수 있지 않을까? 동물들은 어느 정도로 똑똑할까? 다음에 등장하는 기억술사에게 물어보면 알 수 있을지도 모른다.

8장

모여라, 동물계의 천재 스타들

기억술사 아유무

210밀리초. 이것은 거의 눈 한 번 깜박이는 시간에 가깝다. 눈 한 번 깜박이는 데 150밀리초가 걸리니까. 210밀리초는 5분의 1초와 맞먹는다. 400밀리초는 골키퍼가 골대에서 11미터 떨어진 곳에서 날아온 페널티킥을 막는 데 걸리는 시간이다. 그럼 210밀리초는? 눈 깜짝할 순간이다. 그 이상은 아니다. 1,000밀리초 정도라면 숫자들을 약간 눈여겨볼 수 있다. 그러나 210밀리초에는? 눈이 더 이상 따라가지 못 한다. 훈련되지 않은 인간의 눈은 그렇다. 하지만 아유무의 눈은 다르다. 아유무는 눈앞의 그림을 보고, 나아가 모든 것을 입력한다. 210밀리초면 충분하다.

우리가 흔히 할 수 있는 간단한 기억놀이는 이렇게 진행된다. 테이블 위에 카드들을 놓고, 어떤 카드들이 어느 위치에 있는지를 기억한다. 그리고는 카드들을 모조리 뒤집은 뒤, 카드 위치를 기억해서 같은 그림을 가진 짝꿍 카드를 찾아낸다. 이런 간단한 기

억놀이에서도 카드 위치를 입력하는 데 210밀리초 이상의 시간이 필요하다. 하지만 아유무는 210밀리초면 충분하다. 그는 약간 다른 기억놀이를 한다. 모니터에 어지럽게 배열된 숫자가 나타난다. 가령 1에서 17까지의 수다. 이를 보여주는 시간은 페널티킥을 막는 시간의 절반인 210밀리초. 이 순간이 지나면 모니터에서 숫자는 사라지고, 숫자가 있던 곳에 하얀 직사각형들만 남는다. 그러면 이제 아유무는 1부터 시작해 순간적으로 보았던 숫자 배열에 따라 직사각형을 차례로 터치한다. 정확히 맞추면 보상이 주어진다. 숫자가 1-9까지일 경우, 아유무가 '우연히' 숫자를 원래대로 배열할 확률은 362,880분의 1에 불과하다.

그러므로 우연이 아니다. 아유무는 상을 받는다. 210밀리초면 어떤 숫자가 어디에 있는지를 기억하는 데 충분하고, 그의 기억은 거의 언제나 정확하다. 아유무는 이미 오랫동안 그 놀이를 해왔고, 5세에 이미 자신의 사육사인 교토대학교 영장류 연구센터 마츠자와 데츠로 교수를 앞질렀다. 마츠자와 교수는 침팬지인 아유무가 사진 기억력을 가지고 있다고 추측한다. 다른 침팬지들도 이런 훈련을 받았는데, 그들은 단지 1~9정도까지만 가능한 반면, 아유무는 동일한 시간 안에 1에서 19까지의 숫자를 자유자재로 기억해내고 있다. 정말 탁월한 작업기억력(단기기억력)이 아닐 수 없다. 당신의 기억력은 얼마나 좋은가?

창조의 꽃인 인간이 이런 단순한 놀이에서 침팬지에게 뒤지다니 기분 나쁘다고? 그것을 그냥 두고 볼 수 없어서인지, 마츠자와 교수의 연구결과가 발표되자 여러 후속 연구가 인간도 충분한 트레이닝을 거치면 아유무처럼 할 수 있음을 보여주었다. 우리 모두가 다 그렇게 순식간에 기억을 해내지는 못해도 말이다. 마츠자와는 그가 테스트한 모든 침팬지가 이런 능력을 지니고 있다고 말한다. 그들은 대체 왜 그런 능력을 지닌 걸까?

인간이나 침팬지가 일상을 살아가는 데 기억력 게임이 그리 큰 도움이 되는 것 같지는 않은데 말이다. 침팬지들은 왜 사진 기억력을 가지고 있는 걸까? 그들은 왜 1이 어디에 있고, 6이 어디에 있으며, 9가 어디에 있는지를 입력하는 걸까? 마츠자와 교수는 이런 능력이 생존에 중요하다고 믿는다. 복잡한 패턴을 머릿속에 입력하는 능력은 야생에서 살아가는 데 중요한 도구가 된다고 말이다. 그런 능력이 있으면 나뭇가지에 열매들이 어떤 위치에 달려 있는지, 상태는 어떤지, 경쟁자는 어느 정도로 센지를 가늠할 수 있고, 지형 및 가능한 피난길을 입력해둘 수 있다. 한마디로 말해, 아무것도 기억하지 못하는 자는 굶주리게 되거나 경쟁자에게 뒤지거나 적에게 먹힌다.

목마른 까마귀가
머리를 쓴다

야생에서 살지 않기를 천만다행이다. 스마트폰, 신용카드, 자외선 크림 없이 어떻게 야생에서 견딜 수 있을까? 한번 테스트를 해보자. 당신은 아주 작은 방에 앉아있다. 침대, 세면대, 변기 외에 플라스틱 관이 하나 있는 방이다. 이 관은 투명하고 길쭉하며 손가락이 들어가지 않을 정도로 길고 가늘다. 그 관 끝에 맛있어 보이는 땅콩이 한 개 들어있어, 꺼내먹고 싶은 마음이 굴뚝같다. 게다가 배가 고프다. 다만 이미 말했듯이 플라스틱 관이 길고 얇아서 손가락이 들어가지 않는다. 아, 어떻게 해야 할까?

좋은 아이디어가 떠오를지도 모른다. 세면대로 가서 입에 물을 머금고 와 플라스틱 관에 집어넣는 것이다. 다섯 번쯤 그렇게 하면 관 속에 물이 차고, 땅콩이 위로 떠올라 손쉽게 먹을 수 있다. 그렇게 당신의 생존이 보장된다. 아니 사실은 오랑우탄 종족의 생존이 보장된다. 그도 그럴 것이 이건 학자들의 감독 하에, 정확히

는 막스플랑크 진화연구소에서 진행되었던 실험이다.

오랑우탄의 아이디어는 그리 새로운 게 아니다. 어릴 적 《이솝우화》를 읽으며 자란 사람들은 이 이야기를 모두 알고 있다. 이솝은 기원전 6세기 중반에 살았던 사람으로 우화를 많이 썼다. 아마 구전하던 이야기들일 것이다. 《이솝우화》는 욕심, 질투, 허영심, 거만, 온갖 연약함을 주제로 한 이야기로, 인간들의 공감을 물씬 자아낸다. 동물들을 주인공으로 내세워 인간 군상의 모습을 그려내고 있기 때문이다. 가령 이솝이 전해주는 까마귀 이야기를 보자.

어느 날 목마른 까마귀가 물단지를 발견한다. 단지 아래에 약간의 신선한 물이 고여있다. 하지만 물단지는 길쭉하고 입구가 좁아서 부리를 아무리 집어넣어도 밑바닥 물에 닿지를 않는다. 그렇다고 뒤집어 엎어버릴 수도 없다. 단지가 너무 무겁기 때문이었다. 이제 까마귀는 어떻게 할까? 이솝에 따르면 까마귀는 몇 개의 돌을 주워 단지 속에 던져넣는다. 그러자 수위가 높아져 까마귀는 물을 마실 수 있게 된다. 멋진 우화다.

그런데 그건 픽션이 아니다. 케임브리지 대학교 연구자들이 증명한 바에 따르면 이 이야기는 현실이다. 연구자들은 까마귀들이 정말로 그렇게 행동하는 걸 실험실에서 증명해냈다. 이번에는 맛있는 벌레가 미끼였다. 연구자들은 입구가 좁은 플라스틱 물병에 물을 조금 채우고 물 표면에 맛있는 벌레를 띄워놓았다. 그러자 까마귀들은 우리가 우화에서 읽은 대로 행동했다. 그들은 작은 돌보다는 될 수 있으면 큰 돌을 사용해야 더 효과적이라는 것을 빠르게 이해했다. 더불어 톱밥으로는 물의 수위를 높일 수 없다는 것도 이해했다. 까마귀가 《이솝우화》를 읽었을 리 없는데도, 그들은 너무나 똑똑하게 행동하고 있었다.

지능은 많은 행동 측면을 포괄하는 개념이다. 논리, 산수, 기존의 문제에 대한 창조적 해결, 새로운 문제에 대한 독자적 해결, 추상화와 개념화 능력, 공감능력, 또한 속이고 기만하는 능력, 적응능력 등등. 한마디로 말해 반사적이지 않으면서 생존을 보장하는 모든 능력이 바로 지능이다. 하지만 이런 정의도 부정확한 만큼, 지능이 무엇이고 누가 지능이 있는가에 관한 논쟁은 넘쳐날 수밖에 없다. 1970년대에 동물에게 지능이 있다고 말하는 사람은 학계의 아웃사이더로 비웃음을 당했다. 소위 행동주의자들은 동물의 생각이나 감정을 연구하는 것을 비학문적인 행위로 여겼다. 동물은 그저 본능에 의해 조종되고 반사적으로 행동하는 기계적인 존재로, 고작 몇몇 트릭이나 배울 수 있을 뿐 결코 독자적인 지능을 지니거나 지적 능력을 계발시킬 수 없다고 보았다. 하지만 그렇게 따지면, 호모 사피엔스에게서도 왕왕 지능의 결핍이 눈에 띈다. 다윈 테스트가 그것을 보여준다.

진화의 역설적인 슈퍼스타들

역사상 가장 비중 있는 과학자 중 한 명인 진화론의 슈퍼스타 찰스 다윈이 등장하면서 우리는 세계가 7일 만에 창조된 것이 아니며, 성공적인 종들은 자연선택으로 말미암아 탄생된 것임을 알게되었다. 그런 자연선택은 멍청한 시도들을 진화의 무대에서 몰아내 버린다. 그런데 인간들이 하는 가장 멍청한 짓을 선정하여 일년에 한 번 소위 다윈 상을 수여한다는 사실을 알고 있는가? 물론 이 상은 정말로 진지한 상은 아니고, 온라인상에서 풍자적으로 수여되는 상이다. 이 상의 수상자들은 정말 멍청한 짓을 하여 죽음을 맞이함으로써 자신의 열악한 유전자를 인류의 유전자 풀에서 제거하여 인류를 조금은 똑똑하게 만든 당사자들이다. '다윈 상 후보자는 네 살짜리도 하지 않을, 정신지체자가 봐도 어리둥절할 만한 바보짓을 한 사람이어야 한다'는 것이 이 기괴한 상의 심사기준이다. 여기 몇몇 수상자를 소개한다.

한 도둑은 값나가는 원료를 훔친답시고 엘리베이터에서 강철케이블을 하나 분해했는데, 자신이 엘리베이터에 탄 채로 그렇게 하는 바람에 곧바로 추락했다. 어떤 사람은 폭탄을 제조해 우편으로 부쳤는데 우표를 모자라게 붙이는 바람에 반송되었고, 반송된 우편물을 열다가 폭발로 사망했다. 텍사스 출신의 한 남자는 자동권총으로 러시안 룰렛게임을 하다 죽고 말았다.

이런 유머가 달갑지 않을지도 모른다. 하지만 다윈 상은 다소 역설적으로 지능이 가진 진화적 유익을 보여주는 측면이 있다. 지능이 단연 유익하다는 점에서는 이의가 없다. 지능은 적에게서 나를 보호해주고, 먹이를 찾는 데 도움을 주고, 우리로 하여금 고속도로를 시속 200킬로미터로 주행하면서 이메일을 읽을 수 있도록 해준다. 따라서 지능이 생존경쟁에 유익을 주고 유전자를 전수하는 데 도움이 된다면, 동물이 이런 능력을 지니지 말아야 할 이유가 무엇이란 말인가? 동물들에게 지능이 없다고 싸잡아 말하기에는, 동물들이 얼마나 똑똑한지를 보여주는 실험과 관찰(아유무를 보라)이 점점 더 늘어나고 있다.

물론 실험은 세심하게 진행되어야 한다. 인간이 제아무리 똑똑하다 해도 손쉽게 속임수에 걸려들기 때문이다. 그런 착각으로 인해 말들이 덧셈을 할 수 있고, 문어가 미래를 예언할 수 있다는 연구결과가 제시된다. 자, 이제 점쟁이 파울이 등장할 차례다.

점쟁이 문어와
'영리한 한스 효과'

파울은 문어다. 정확히 왜문어로, 오버하우젠 해양생물관에서 평범한 문어 생활을 했다. 물, 먹이, 자유시간, 물, 먹이…. 사육사가 파울의 예언능력을 알아보기 전까지는 말이다. UEFA 유로 2008에서 독일 팀 경기가 여섯 번 열렸는데, 파울은 그중 네 번을 어느 팀이 이길 것인지 알아맞혔고, 2010년 FIFA 월드컵에서는 독일 국가대표팀이 참가한 여덟 개 경기 모두에서 파울의 예언이 적중했다. 사육사가 두 개의 유리박스 안에 맛있는 간식을 넣어두고, 박스 위에 대결 팀의 국기를 붙여놓으면, 파울은 두 박스 중 한 박스를 먼저 열어 간식을 먹는 방식으로 승리를 점쳤다.

파울의 예언 적중률은 정말이지 혀를 내두를 정도였다. '세계 최초로 몸값이 수십억에 달하는 문어가 탄생했다'며 광고 전문가들은 열광했다. 파울의 고향인 오버하우젠에서는 파울을 모델로 봉제인형과 플라스틱 피겨, 찻잔, 티셔츠가 제작되어 불티나게 팔

렸다. 파울이 스페인으로 옮겨간다는 이야기도 나왔다(파울이 독일과의 경기에서 스페인의 승리를 점쳐서 적중했기 때문에). 파울이 지닌 광고 가치가 350만 유로(약 47억 원)로 추산되었다. 파울이 자연사했을 때, 후계자들이 줄을 이었으나 그 중 어느 누구도 파울의 수준에 이르지 못했다. 암컷 문어 레기나 월드컵 거북이 모마리노, 월드컵 돼지들 슈바이니&Co, 몹스(불독과 비슷하지만 불독보다 작은 강아지) 점쟁이 마빈, 코끼리 넬리, 라이너 칼 문트(전 축구 감독이자 전 레버쿠젠 단장)까지. 아무도 파울만큼의 적중률을 보이지는 못했다.

문어가 미래를 예언할 수 있을까? 학자들은 그렇지 않다며 '영리한 한스 효과'라고 입을 모은다. 한스는 100년도 더 전에 살았던 속보경기용 말로, 은퇴한 수학교사 빌헬름 폰 오스텐의 소유였다. 당시 폰 오스텐은 정말로 한스에게 산수와 요일, 시계보기, 카드놀이 등을 훈련시켰던 것 같다. 아무튼 한스는 계산을 할 수 있고, 요일을 알았으며, 시계도 보고, 카드의 그림도 분별해 '영리한 한스'라는 별명을 얻었다. 그러자 1904년 13명으로 이루어진 학술위원회가 수수께끼를 풀고자 나섰다. 말이 정말로 계산을 하고 문자를 읽을 수 있을까?

그런 건 아니었다. 한 대학생이 영리한 한스의 수수께끼를 풀었다. 한스는 말굽을 두드리는 것으로 질문에 대답했는데, 가령 1 더하기 4를 계산해야 하는 경우는 다섯 번 말발굽으로 바닥을

점쟁이 문어 파울이 정말로 예지력을 지녔던 걸까?

학자들은 그렇지 않다고 입을 모은다.

다만 '영리한 한스 효과'가 개입되었던 거라고.

두드렸다. 그러나 그 대학생이 알아낸 바에 따르면 한스는 계산을 하는 것이 아니라 질문자의 표정을 주시하였다. 가령 네 번까지는 질문자가 긴장해서 앞쪽을 쳐다보고 있고, 다섯 번째 말발굽과 동시에 만족해서 몸을 바로 젖힌다. 그러면 이것이 한스에게는 발굽 두드리기를 중단하라는 신호가 되었고, 그로써 그는 올바른 결과를 제시할 수 있었다. 질문자가 무의식중에 스스로 한스에게 정답을 알려주는 셈이었다. 이 발견 이후 이렇듯 실험 주관자가 실험동물에게 무의식적으로 영향을 미쳐서 원하는 결과를 얻어내는 것을 '영리한 한스 효과'라고 부른다.

점쟁이 파울의 경우에도 이런 효과가 있었던 것으로 추정된다. 학자들은 해양생물관의 동물 사육사들이 독일 박스에 무의식적으로 더 좋은 먹이를 넣었거나 박스 바깥쪽에 남은 먹이를 조금 더 두었고, 문어가 이런 차이를 민감하게 눈치채지 않았을까 추정한다. 사육사들이 거는 쪽에 파울도 걸었고 그게 맞아떨어진 셈이다 (사육사들을 점쟁이로 내세워야 할 것 같다. 하지만 그들을 모델로 머그컵이나 티셔츠를 제작하는 건 좀 이상하지 않은가). 그러므로 동물 지능 이야기를 할 때는 늘 이런 영리한 한스 효과를 염두에 두어야 할 것이다. 동물들이 정말로 영리한지, 아니면 우리가 그들이 영리하기를 바라다보니 영리한 것처럼 느끼는 것은 아닌지? 자, 그럼 동물들의 지능 쇼를 살펴보면서 스스로 판단해보시라.

소문을 퍼뜨리는
까마귀들

동물 지능 연구의 슈퍼스타는 바로 까마귀들이다. 까마귀는 굉장히 영리한 것으로 알려져 있다. 그들에게 추상적인 사고능력이 있는 듯하다는 게 여러 실험이 보여주는 바다. 어느 실험에서는 까마귀들에게 우선 카드 한 장을 보여주며 맛난 딱정벌레를 먹거리로 주었다. 서로 다른 두 도형이 그려진 카드였다. 그리고 열쇠 두 개를 까마귀 우리 쪽으로 건네면서, 열쇠를 각각 카드 한 장 씩으로 덮어씌웠다. 하나의 카드에는 직사각형 두 개가 그려져 있었고, 또 다른 카드에는 삼각형 하나와 직사각형 하나가 그려져 있었다. 까마귀의 과제는 이제 둘 중 어느 열쇠 아래에 맛난 딱정벌레가 있는지를 알아내는 것이었다. 당연히 그 맛난 먹이는 앞서 딱정벌레를 먹이로 줄 때 보여준 카드와 상응하는 카드로 덮은 열쇠 밑에 있을 것이었다. 그럼 어느 쪽이겠는가? 대부분의 사람들은 단번에 삼각형과 사각형이 그려진 카드를 선택할 것이다. 이

카드에 처음 보여주었던 서로 다른 기하학적 형상이 그려져 있으니 말이다. 까마귀들도 그랬다. 그들도 십중팔구 맞는 열쇠를 골랐다. 트레이닝 같은 걸 하지 않고도 말이다.

까마귀들은 그 이상의 것도 할 수 있다. 그들은 가령 수상한 사람들을 곧잘 알아본다. 시애틀 대학교의 연구자들은 이를 테스트하기 위해 우선 고무가면을 쓰고 몇 마리의 까마귀를 붙잡았다가 얼마 뒤 다시 놓아주었다. 그러자 어떤 일이 벌어졌을까? 연구자들이 다시금 고무가면을 쓰고 캠퍼스를 어슬렁거리자 캠퍼스의 까마귀들이 그들을 알아보고는 뚜렷이 표나게 소리를 지르며 경계했다. 연구자들이 모자를 쓰거나 전과는 반대로 가면을 쓰거나 했는데도 말이다. 까마귀들은 얼굴을 잊지 않고 기억해두었던 것이다. 게다가 연구자들이 붙잡았다 놓아준 까마귀들만 그들을 알아보고 성을 내는 것이 아니었다. 가면 쓴 사람에 대한 나쁜 이미지는 까마귀들 사이에 순식간에 퍼져 온 까마귀 집단이 그들을 식별하고 있었다. 명성이 실추되는 것은 그토록 순식간이었다.

까마귀들이 도구까지 제작해 사용할 만큼 영리하다는 것은 연구자들 사이에서 널리 알려진 사실이다. 까마귀는 나무구멍 속에 있는 벌레들을 끄집어내기 위해 막대기를 사용한다. 나아가 철사를 즉석에서 알맞게 구부려서 먹이를 낚는 데 사용하기도 한다. 연구자들은 까마귀들이 이렇게 도구를 제작하는 전통이 계속 유전된다고 추측하고 있다. 이만하면 정말로 영리하다고 말할 수 있지 않은가.

　물론 까마귀들이 자동차를 호두까기로 활용한다는 이야기에 대해서는 논란이 분분하다. 그 이야기에 따르면 까마귀들은 길에 호두를 던져놓고 자동차가 호두를 밟고 지나갈 때까지 기다렸다가 깨어진 호두를 맛나게 먹는다는데…. 좀 진화된 버전으로는 호두를 횡단보도에 던져놓았다가 차들이 밟고 지나간 다음, 초록불이 켜져 차들이 다니지 않을 때 호두를 모아들인다는 것이다. 다만 이런 행동은 연구에서 확인할 수 없었다. 따라서 연구자들은 차들이 호두를 까주는 경우는 우연이며, 야생에서는 이런 전략을 관찰할 수 없었다고 말한다. 그러나 까마귀의 이런 행동을 담은 동영상이 한둘이 아닌 것으로 볼 때, 이 부분에 대한 지속적인 연구가 필요한 듯하다. 그런데 까마귀뿐 아니라 인간의 가장 좋은 친구도 비슷한 연구 과제를 던져준다. 내기 해볼까?

나랑 내기 한번 해볼까?

그래, 내기해 볼까? 베텐, 다스Wetten, dass? 얼마 전 종영된 '베텐 다스?'는 독일의 유명한 텔레비전 쇼 프로그램이었다. 유명인들이 초대된 가운데 일반인들이 한계를 뛰어넘는 도전에 나서고, 그 도전자가 성공할지 못 할지를 두고 유명인들이 내기를 하는 인기 프로그램으로, 많은 유명인이 출연했다. 이리스 베르벤(10회 참가)에 이어, 미햐엘 헤르비히, 오토, 틸 슈바이거, 보리스 베커, 베로니카 페레스(각각 8회 참가), 크리스티아네 회르비거, 우도 위르겐스, 칼 라거펠가 각각 내기에 참가한 경력이 있으며, 페터 마파이는 17회, 우도 위르겐스는 15회, 헤르베르트 그뢰네마이어는 13회나 출연하는 등 이 프로그램에 초대되었던 각 분야 유명인 명단은 정말이지 화려하다.

　내기에 도전하는 종목도 유리컵, 자동차, 자전거, 공, 계란, 밧줄, 초, 스키, 동물을 활용한 것 등 너무나 다양해서, 한번은 래브

래도 견 '럭키'보다 더 빠르게 주발 속의 물을 쩝쩝 핥겠다는 사람도 등장했다(물론 졌다). 어떤 강아지는 물컵을 머리 위에 올린 채 계단을 올라갔다 내려오는 묘기를 보였고(이겼다), 어떤 도전자는 동물들의 대변 냄새를 맡고 어떤 동물의 것인지 맞추기도 하였다(이겼다). 그중 한 도전자는 내기에서 정말 여유만만하게 이겼는데, 그의 이름은 리코였다. 리코는 기억뿐 아니라 언어에 아주 뛰어났다.

리코는 보더 콜리 견으로, 잠을 푹 자고 일어나 아주 컨디션이 좋았다. 리코가 원형공연장에 서자 주변에 그의 장난감들이 주욱 놓였다. 한 70개 정도 되었다. 그리고 이제 리코의 여주인이 리코에게 장난감 중 하나를 가져오라고 말했다. "리코, 포켓몬 가져와." 그러자 리코는 70개의 봉제완구 중에서 포켓몬을 골라 주인에게 가져왔다. 보루시아 도르트문트의 공과 FC 샬케의 공도 골라왔고, 눈사람 인형도 물고 왔다. 리코는 모든 완구의 이름을 알고 있었다. 정말 혀를 내두를 정도였다.

'베텐 다스?'에 출연한 것은 리코에게 커리어 도약판이 되어주었다. 여러 잡지가 리코의 기사를 실었고, 텔레비전에 출연해달라는 제의가 잇따랐다(리코가 CD나 책을 내지도 않았는데 말이다). 막스플랑크 진화인류학연구소 연구팀은 리코의 능력에 비상한 관심을 기울였고, 리코가 '패스트 매핑(빠른 의미 연결)'이라 불리는 능력을 구사하고 있다고 평가했다. 리코는 배제 원칙에 따라 학습할 수 있다고 말이다.

　리코의 능력을 테스트하기 위해 연구자들은 우선 영리한 한스 효과가 끼어들지 않도록 신경을 썼다. 그리하여 그동안 200개 이상으로 불어난 봉제완구를 늘어놓은 방과 리코가 위치한 방을 분리시킨 뒤 리코더러 특정 봉제완구를 가져오라고 말하면 다른 방으로 뛰어가서 그 완구를 물고 오도록 하였다. 이런 방식으로 리코에게 명령을 하는 사람이 비의도적인 암시를 제공하지 않도록 한 것이다. 결과는? 완벽했다. 리코는 40번의 명령 중 37번을 옳게 수행했다.

　학자들은 이제 난이도를 더 높였다. 완구들 속에 리코가 아직 이름을 알지 못하는 새로운 완구를 끼워놓았다. 가령 새 완구가 '천사'라면, 리코에게 천사를 가져오라고 말했다. 리코는 어떻게 했을까? 이름도 모르는 처음 보는 완구를 가져왔을까? 그랬다. 리코는 그렇게 했다. 10회의 테스트 중 7회에서 리코는 알지도 못하고 이름도 모르는 완구를 물어왔다. 리코는 정말로 배제 원칙에 따라 학습했던 것이다. 모르는 대상을 가져와야 하는데, 방에 자신이 알지 못하는 물건이 딱 하나 있으니까, 아하 내가 가져가야 할 게 바로 이것이구나 하고 판단한 것이다. 어휘를 배우는 아이들도 이런 방법을 사용한다. 일명 패스트 매핑이다. 실험을 한 뒤 4주가 지난 뒤에도 리코는 50퍼센트의 확률로 새로운 장난감을 기억했으며 해당 완구를 가져왔다. 새로운 어휘를 습득했던 것이다. 이런 능력은 세 살짜리 인간 아이와 맞먹는다. 리코는 세 가지 원칙을 아는 것이 틀림없었다. 사물에는 이름이 있다는 것을 알고, 배제원칙에 따라 사물의 이름을 인지할 수 있고, 배운 이름을 장기기억에 저장할 수 있고!

리코는 정말 굉장하다. 그러나 리코뿐만은 아니다. 리코의 동료 견인 베치는 300단어를 습득했고, 역시나 강아지인 체이서는 1000단어 이상을 안다(800종의 동물, 116개의 공, 26종의 프리스비 등등. 체이서가 사는 집 거실은 대체 어떤 모습일지?). 틀림없다. 강아지들은 단어들을 배울 수 있다. 하지만 무엇을 위해? 아마도 생각을 읽기 위해?

내 마음을 읽어봐

독심술. 그런 것은 정말로 있다. 여하튼 학문에는 말이다. 학자들은 이를 '마음의 이론'라고 말한다. 마음의 이론이란 다른 사람의 입장을 이해하고 상상하는 능력을 말한다. 이 역시 지능의 한 형식이다. 이런 지능이 필요할까? 물론이다. 상대방 안에서 무슨 일이 일어나고 있는지를 이해하면, 위험이 도사리는 경우 미리 안전대책을 세울 수 있고, 상대를 속이거나 설득하거나 고무하거나 그에게서 배우거나 그를 따라하거나 졸라댈 수 있다. 이 모든 것이 자신 또는 자기 종족의 생존을 확실히 하는 데 도움이 된다. 그러므로 사회적 존재라면 상대방의 속마음을 이해하는 것은 기본적으로 갖추어야 할 자질이다.

인간에게는 이런 능력이 있다. 인간은 상대방에게 감정이입을 할 수 있고, 그에 맞게 행동할 수 있다(대부분의 경우 그렇다). 이 또한 지능이다. 그리고 학자들은 오랫동안 인간만이 이런 능력을

소유한다고 추측해왔다. 하지만 그렇지 않을 수도 있다. 인간과 가장 가까운 친척들을 대상으로 한 실험을 보면 말이다. 과일을 어디에 숨겨놓았는지 제스처로 알려주면, 그들은 이 제스처를 이해하지 못한다. 집게손가락으로 가리키는 것은 인간만이 하는 행위인 듯하다. 인간은 상대방의 입장이 되어볼 수 있고, 집게손가락으로 뭔가를 가리키면 그것이 무슨 의미인지를 이해한다. 하지만 유인원은 그렇게 하지 못한다.

강아지를 기르는 주인들은 이 말에 이의를 제기할 것이다. 집게손가락으로 뭔가를 가리키면 강아지가 이해하지 못한다고? 천만에. 강아지들은 이해한다고! 하면서 말이다. 여러 실험도 인간이 뭔가를 가리킬 때 강아지들이 그 의미를 곧장 이해한다는 걸 보여준다. 그것을 인지하는 능력을 타고난 것처럼 보인다. 그뿐 아니라 강아지들은 언제 슬쩍해도 되고, 언제는 안 되는지 단박에 안다. 강아지들의 발 앞에 과자를 놓은 뒤 먹지 말라고 명령하면 고분고분 따른다. 그러다가 주인이 보지 않는 것 같으면 얼른 먹는다. 주인의 입장이 되어 생각하고, 주인이 언제 자신을 눈여겨보고 보지 않는지를 안다. 정말 유용한 재능이다.

강아지들에게 이런 능력이 있다는 것은 실험에서 명백히 드러났다. 강아지들은 사람 입장에서 느낀다. 주인이 어느 때 그들을 주시하고, 어느 때 그렇게 하지 않는지를 이해한다. 또한 그들 맞은편에 있는 사람이 무엇을 보는지도 알아냈다. 가령 두 개의 물건을 각각 파티션 뒤에 두되 파티션 하나는 불투명, 하나는 투명한 것으로 했다고 하자. 파티션 앞에 앉은 사람은 불투명한 파티션 뒤에 있는 물건은 보지 못하는 반면, 강아지는 물건 쪽에 있어서 두 가지 물건 모두를 볼 수 있도록 상황을 설정하자. 이런 상황에서 이제 강아지에게 "그거 가져와"라고 명령을 한다면, 강아지는 어떻게 할까? 명령 상으로는 그것이 무엇인지 분명하지 않다. 강아지는 어떤 물건을 가져올까?

당신 같으면 어떤 물건을 가져오겠는가? 물론 투명 파티션 뒤에 놓여있는 물건을 가져갈 것이다. 상대방은 불투명 파티션으로 가려진 물건은 보지 못하니까 말이다. 그렇다면 강아지는? 강아지 역시 투명 파티션 뒤에 놓인 물건을 가져갔다. 강아지는 사람의 입장이 되어 생각했고, 상대가 불투명 파티션 뒤에 놓인 물건은 볼 수 없음을 알았다.

어떻게 그럴 수 있을까? 인간을 이해하는 것, 인간의 시선과 제스처와 어조를 해석하는 것이 강아지에게 유익하기 때문일 것이다. 따라서 강아지는 그것을 배웠다. 침팬지들은 인간들과 함께 살지 않으므로, 이런 능력이 별로 중요하지 않았다. 그렇다고 침팬지가 덜 똑똑하다는 의미는 아니다. 침팬지의 지능은 자신들의 생존에 더 중요한 다른 영역에 특화된다. 침팬지들은 가령 (동료의) 화난 얼굴과 친절한 얼굴을 구별한다. 이것은 조화롭게 더불어 살기 위해 굉장히 중요한 능력이다.

인간의 입장에서 생각하고 인간을 관찰하는 능력.
강아지들은 천부적으로 이런 능력을 지닌 듯하다.
오랫동안 사람과 더불어 살면서 터득한
그들만의 생존기술일 거라고 학자들은 말한다.

그로써 우리는 지능을 좀 다른 눈으로 보게 된다. 지능은 단지 스마트폰, 따뜻한 식사, 유튜브, 무알코올 맥주, 24시간 편의점 따위를 뒤섞어 놓은 산물이 아니다. 지능은 시대와 상황과 환경에 따라 다양한 요소로 구성된다. 우리가 주어진 환경에서 살아남기 위해 활용하는 것이 바로 지능이다. 모든 생물은 같은 문제 앞에 선다. 적을 피하고, 먹이를 찾고, 번식하고, 이동하고…. 그것을 위해 의사소통과 창조성, 감정이입 능력, 추상화 능력, 논리적 사고 등이 필요하다. 이 모든 것이 우리가 '지능'이라고 부르는 현상의 부분집합들이다. 이런 부분집합은 생활환경에 따라 서로 다르게 발달하고, 지능의 서로 다른 버전들을 형성한다.

따라서 아침에 곤줄박이들이 영국의 집앞에 배달된 우유병을 여는 것(곤줄박이들은 정말로 그렇게 한다), 암바다사자 리오가 논리적으로 생각하는 것(학문적으로 증명되었다), 돼지들이 의도적으로 동료 돼지들 앞에서 먹이가 있는 곳을 자신이 안다는 사실을 숨기는 것(돼지들도 정말로 그렇게 한다), 이 모두가 저마다의 특수한 생활환경에 최적으로 적응한 행동들이다. 이것이 지능일까?

비판자들은 아니라고 말한다. 우리가 보는 것은 힘들게 훈련한 결과거나 우연의 산물이거나 잘못 해석한 것들이라고…. 동물은 그냥 동물일 뿐이며, 지능 있는 인간이 아니라고 말이다. 그들은 동물에게는 논리 같은 것이 없으며, 사물을 일반화하는 능력도 없다고 말한다. 몇몇 연구가 동물들이 논리를 이해한다는 것을 암시하고 있음에도 말이다.

이런 비판론을 뒷받침하는 예는 코끼리에 대한 단순한 실험 같은 것이다. 연구자들은 들통에 먹이를 넣어두고, 코끼리들이 들통의 뚜껑을 열어 먹이를 먹을 수 있도록 가르쳤다. 그러고 나서 실험을 변형해 뚜껑으로 들통을 덮지 않고, 그냥 들통 옆에 놓아두었다. 코끼리들은 어떻게 했을까? 코끼리들은 그럼에도 곧장 먹이가 있는 들통으로 향하지 않고, 뚜껑에 먼저 다가갔다. 그렇게 여러 번 시도한 다음에야 뚜껑과 상관없이 먹이를 먹을 수 있다는 것을 알았다. 연구자들에게 이것은 코끼리들의 머릿속에 '뚜껑-들통' 문제를 이해하는 정신적 이미지가 없다는 사실을 방증하는 것이었다. 즉 뚜껑이 먹이로 가는 길을 막고 있다는 사실을 모르는 것이었다. 그러므로 그들이 뚜껑을 연 건 자못 인간적인 인식에 속하는 인과관계를 깨달았기 때문이 아닌 것으로 보였다. 그렇다면 우리가 관찰하게 되는 동물의 지적인 행동은 알고 보면 그리 지적이지 않은 것일까?

피핀에게 열쇠 따는
것쯤이야…

하지만 이에 대항하는 반증들은 쉽게 찾을 수 있다. 가령 금고를 터는 동물들에게 한번 가보자. 일상생활에서 우리는 익히 다음과 같은 경험을 한다. 집에 도착해서 문을 열려고 보니 자동차에 열쇠를 놓고 왔거나 동전통에 중요한 열쇠를 던져놓고서는 찾아 헤매거나…. 꽤나 힘을 써서 자물쇠를 여는 능력은 인간의 전유물이다. 하지만 곧장 반론이 날아든다. 앵무새도 이런 능력을 구사할 수 있다고.

앵무새들이 그런 능력을 지녔는지 확인해보는 건 간단하다. 최소한 피핀은 그것을 할 수 있었다. 빈 대학교의 머리를 잘 쓰는 학자들은 불쌍한 피핀을 유리로 된 투명박스 앞에 앉혔다. 박스 안에는 맛있는 호두가 들어있었다. 박스는 자물쇠로 잠겨있었다. 그것도 하나가 아니라 순서대로 열어야 하는 여러 개의 자물쇠로 말이다. 불쌍한 피핀, 어떻게 그가 호두를 먹을 수 있을까? 사실

은 아주 간단하다. 우선 핀을 뽑고 나서 나사를 돌려 볼트를 제거하고, 바퀴를 돌리면 빗장이 열린다. 이 순서대로, 바로 이 순서대로만 열린다. 그렇지 않으면 자물쇠 하나가 다른 자물쇠를 가로막고 있어서 열리지 않는다. 자, 앵무새 피핀은 이 자물쇠를 여는 데 두 시간이 소요되었다. 피핀의 동료 앵무새들은 약간 이해가 더디어서, 다른 앵무새가 여는 것을 보고 난 뒤에 혹은 그 전에 각각 자물쇠 여는 훈련을 한 뒤에야 가능했다. 그러나 그 다음에는 자물쇠의 순서를 바꾸거나 자물쇠를 하나씩 누락시켜도 더 이상 문제가 되지 않았다. 그들은 유연하게 적응했다. 이런 것을 '인지적 변환' 능력이라 부른다. 뭔가 똑똑한 느낌을 풍기지 않는가?

이제 우리는 여러 시간 동안 동물과 인간이 선보였던 영리한 짓과 어리석은 짓을 끝없이 열거하면서 열을 올릴 수 있을 것이다. 연구자들은 이를 '일화적 증거'라고 부른다. 하지만 그것으로는 결론에 접근할 수 없다.

지능은 그것이 어떻게 정의되든 간에 매우 중요하다. A 다음에 B가 오고, B 다음에 C가 온다는 걸 이해하면, 어느 순간 일반화를 통해 우리는 A 다음에 자동적으로 C가 온다는 것을 깨닫게 된다. 암컷 바다사자인 리오도 이것을 이해할 수 있었다. 이런 능력은 생존에 중요하다. 어떤 소리가 난 다음에 특정 육식동물이 나타난다는 걸 알면, 소리만 듣고도 잽싸게 도망칠 수 있다. 기다릴 이유가 뭐란 말인가? 모든 동물이 모든 형태의 지능을 보여주지 않는 것은 서로 살아가는 환경이 달라서일 것이다. 자신의 환경에서 가장 중요하고, 가장 잘 통하는 능력들을 활용해야 한다. 다른 지능들은 필요가 없다. 바로 이런 이유에서 인간은 까마귀 한 마리 한 마리를 따로 구별하지 못하는 반면 까마귀들은 인간을 개별적으로 알아보는 것이 아니겠는가.

인간도 다르지 않다고 봐야 할 것이다. 인간은 역사를 거치며 자신의 환경에 특화된 지능을 발달시켰다. 그리하여 많은 지적인 행동양식은 자연과학자, 정치가, 경제학자, 사회공학자의 책상머리에서 탄생한 것들이 아니고 수백 수천년에 걸쳐 그런 행동들이 효율적이고 효과적이며 능력 있는 것으로 입증되는 과정에서 굳어진 결과물이다. 그래서 종종 그것이 영리한 행동이라는 사실을 의식하지 못하면서도 영리하게 행동하는 것이리라(물론 주어진 지적 도전이 얼마나 큰 것인지 종종 과소평가하기도 하지만 말이다. 심리학자들은 이런 경향을 점잖고 고상한 말로 '초낙관주의'라 부른다).

지능. 그것은 현실에 대한 내적인 이미지를 만들고 사고실험을 통해 이런 현실을 변화시켜 보려는 능력이다. 그러니까 현실의 이런저런 세부적인 것이 변하면 무슨 일이 일어나는지를 상상하는 능력이다. 이런 능력을 구비하면 현실에 더 잘 적응하고 새로운 아이디어를 개발하여 동족들보다 더 앞설 수 있고, 그럼으로써 자신의 유전자를 안전하게 전달할 수 있다. 그러므로 인간만이 지능을 소유할 하등의 이유가 없다. 물론 동물의 지능(그것을 지능이라 부를 수 있다면)을 인간의 지능처럼 상상하지는 말아야 한다. 다만 동물이 문제해결 능력이나 추상화 능력을 전혀 지니지 않았다고 단정하는 것은 인간의 오만이다.

인간의 지능은 진화적 우연의 산물일지도 모른다. 두뇌는 에너지를 많이 잡아먹으므로 진화적으로 보면 비용이 많이 드는 기관이다. 그뿐 아니라 너무 많이 생각하면 행동이 굼떠질 수 있고, 이것은 어떤 상황에서는 불이익을 초래한다. 이 부스럭 소리가 검치호인지 아닌지 너무 오래 생각하는 사람은, 유전자 풀에서 제거될 각오를 해야 한다. 인간의 지능을 비판적으로 보는 강력한 논지는 창조의 꽃이라고 자부하는, 인간이 만들어놓은 세계 자체이다. 전쟁, 원자폭탄, 환경오염, 금융위기, 리얼리티 TV…. 인간이 행한 야만적인 행위는 그들의 위대한 행위 목록만큼이나 길다. 지능에는 분명 어두운 면도 있다고 하겠다. 자, 이제 그것을 살펴볼 차례다.

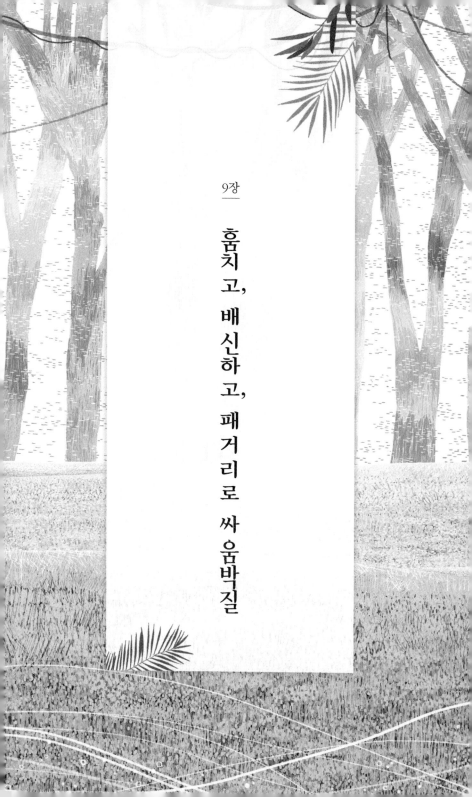

9장

훔치고, 배신하고, 패거리로 싸움박질

이런! 마피아 같은 새들

그들은 당신을 필요로 한다. 그래서 당신을 찾아와 제안한다. 거부할 수 없는 제안이다. 몇몇 가족 구성원을 보살펴 달라. 그러면 당신에게 아무 일도 일어나지 않을 것이다. 그러나 이 제안을 거부하면 화를 당하게 된다. 당신의 집은 무참히 파괴되고, 가족들도 남아나지 않을 것이다. 그렇게 하겠는가? 따라서 당신이 우리 패밀리를 보호하면 당신과 가족들은 무사할 거라고 협박하는 것이다. 누가 그럴 수 없겠다고 말하겠는가?

조폭 영화에서 본 듯한 장면이다. 마피아 같은 짓거리 아닌가? 맞다. 그렇다면 영화 속에서나 볼 수 있는 장면인가? 아니다. 여기서 마피아 단원은 북아메리카의 갈색머리흑조이다. 갈색머리흑조는 다른 새들의 둥지에 자신의 알을 맡긴다. 즉 다른 둥지에 알을 낳는다. 전통적으로 뻐꾸기들이 구사하는 전략이다.

2008년 자연보호연합에 의해 올해의 새로 뽑히기도 했던 뻐꾸

기는 몸길이가 약 34센티이고, 곤충들을 잡아먹고 산다. 주로 나방이나 나비의 애벌레를 먹고, 메뚜기, 딱정벌레, 잠자리도 마다하지 않는다. 수컷은 푸른색이 도는 잿빛이며, 암컷은 은은한 적갈색의 깃털 옷을 입었다. 뻐꾸기들은 커플이 단 하루도 붙어있는 걸 견디지 못한다. 이렇듯 로맨틱의 반감기가 짧다보니 둥지를 짓고 돌볼 수도 없는 일! 그래서 뻐꾸기는 학자들이 '탁란'이라 부르는 전략을 구사한다. 다른 부모에게 자신의 알들을 일방적으로 맡기고, 그들로 하여금 제 자식들을 키우게 하는 것이다. 게다가 뻐꾸기 새끼는 낯선 둥지에서 깨어나자마자 다른 알과 그 알에서 깨어난 '의붓 남매'들을 둥지 밖으로 밀어내 추락시킨다. 외동이로 자라는 쪽을 선호하는 것이다. 본능적인 살육으로 자신의 생존 확률 높이기! 이건 뭐 신사적인 행동과는 전혀 거리가 멀다.

자청하지 않은 양부모가 이런 행태를 좋게 보지 않으리라는 건 자명하다. 그리하여 많은 새들은 세월이 흐르면서 나름의 방어 전략을 개발하였다. 가장 단순한 방어 전략은 자신의 둥지 속에서 낯선 알들을 분별해 던져버리는 것이다. 하지만 뻐꾸기 부모도 상대 어미가 그렇게 하리라는 걸 짐작한다. 그리하여 상대가 낳는 알과 아주 비슷한 알을 낳아서, 어느 것이 자신의 알이고 어느 것이 뻐꾸기 소생인지 구별하기 어렵게 만든다. 하지만 그럼에도 양부모가 예리하게 구별해서 던져버린다면? 뻐꾸기들은 이런 것에 대비해서도 전략을 세웠다. 그래서 이제 대리모 새의 둥지에 알을 여러 개 낳는다. 둥지에 낯선 알이 여러 개 있으면 대리모도 어떤 알이 진짜 자신의 알이고, 어떤 알이 뻐꾸기의 알인지 구별하기가 어려워진다. 그리하여 실수로 자신의 진짜 알을 둥지 바깥으로 밀어버리는 위험을 무릅쓰기보다는 남의 새끼를 데리고 있는 쪽을 택한다. 하지만 대리모 역시 이런 상황을 무턱대고 감수하지만은 않는다. 그들도 추가 전략을 개발했으니, 요정굴뚝새는 자신의 새끼들이 아직 알 속에 있을 때 암호를 알려준 뒤 그들이 알에서 깨어나 배고플 때 그 암호를 말하면 먹이를 받을 수 있도록 한다. 뒤늦게 요정굴뚝새 둥지로 온 뻐꾸기 알은 암호를 모르므로, 그들의 둥지에는 낯선 새들이 깃들지 못하는 것이다.

그러나 앞서 언급한 갈색머리흑조는 이런 섬세한 전략과 친하지 않다. 그는 순전히 폭력에 의존한다. 양부모의 둥지에 알을 낳은 뒤 양부모가 이를 거부해 자신의 알을 밀어버리거나 하면, 그들의 둥지를 초토화시킨다. 그렇게 하여 자신에게 협력하지 않는 새의 후손을 감소시키는 것이 장기적 관점에서 성공 가능성이 높기 때문이다. 강자의 법칙이 곧 자연법칙이다.

진화의 유익을 위해 어떤 전략이 개발되면 그에 대항하는 또 다른 전략이 개발되는 상황은 자연에서 쉬지 않고 일어난다. 숙주새가 뻐꾸기 알을 잘 알아채면, 뻐꾸기는 다시 반대 전략을 개발하는 형국이다. 이런 상호무장의 메커니즘은 인간세계에도 잘 알려져 있다.

인간의 잣대로 보면 조류의 탁란 행동은 범죄적으로 보이고 거부감이 든다. 하지만 동물들은 그것을 문제 삼지 않을 것이며, 설령 그렇다 해도 훨씬 편안한 시각으로 대할 것이다. 생존과 진화의 유익 외에 무엇이 중요하단 말인가? 이것이 범죄에 해당하며 비난받을 만하다고? 그렇다면 인간의 행동은 이런 행동보다 정말 더 나은가?

우리는 닭이 낳은 소중한 알을 먹고, 동물들을 좁은 우리에 가두어 키우고, 그들의 털가죽을 다 벗겨서 자신이 숭배하는 사람의 어깨에 걸쳐주지 않는가. 게다가 동물을 죽이는 것을 무슨 스포츠라고 일컫지 않는가(투우를 말함). 하지만 그럼에도 우리는 알에서 갓 깨어난 다른 새끼들을 둥지 밖으로 던져버리는 뻐꾸기 새끼들 이야기를 들으면서 희생당하는 새들에게 동정을 느끼고, 뻐꾸기에게 분개한다. 갈색머리흑조의 마피아 같은 행동은 우리를 경악하게 한다. 그런 뻐꾸기 같은 행위는 우리 인간사에는 결코 없을 일이라도 되는 양 말이다. 하하, 정말 그럴까? 연구에 따르면 모든 인간 아이의 최대 10퍼센트가 '뻐꾸기의 아이'라고 하는데. 그러나 이 수는 학문적으로 논란이 분분하다. 남자들은 자신의 아이인지, 뻐꾸기 아이인지 분별하는 육감이 뛰어나기 때문이다. 그래서 자신이 친부임을 남성이 의심하지 않는 경우, 뻐꾸기 아이의 실제적인 비율은 1.7~3.3퍼센트 정도다. 반면 애인의 진실성을 의심하는 경우, 이런 의심은 3분의 1 정도 확률로 맞아떨어진다고 한다. 부디 이 말을 당신의 가족 상황을 재고해 보라는 요구로 이해하지 말기를 바란다.

인간은 무엇이 선하고 무엇이 악인지를 안다(또는 안다고 믿는다). 그리고 뭔가를 해야 할 적절한 시점이 언제인지를 이해한다(어쨌든 대부분의 경우는 그렇다). 하지만 악하고 비윤리적인 태도에 대한 개념을 동물에게도 적용할 수 있을까? 설사 그들이 악의 개념을 이해한다 해도, 생존과 자손 번식을 위해 수단 방법 가리지 않는 것을 악한 행위라고 느낄까?

조폭 두목 프레드,
사형에 처해지다

가게 도둑 쌤의 예를 한번 보자. 쌤은 영국의 애버딘에 살며, 도리토스 치즈 맛을 무지하게 좋아한다. 클래식한 삼각형 모양의 나초 칩인 도리토스에는 여러 종류가 있는데 쌤은 치즈 맛 도리토스만 좋아한다. 다른 도리토스에는 관심조차 없다. 뭐, 좋아한다는 데야 무슨 이의를 제기할 수 있겠는가(무슨 말을 할 수 있겠는가), 돈을 내고 사먹으면 되는 것을. 문제는 쌤이 돈을 내지 않는다는 것이다. 쌤은 상점 도둑이다. 아주 무심한 척 가게 앞을 지나가다가 가게 문이 열려있고, 아무도 보지 않는 것 같으면 얼른 뛰어 들어가 도리토스 봉지를 낚아채서는 삼십육계 줄행랑을 친다. 지불하지 않고 말이다. 아마도 돈을 깃털 속에 품고 다니기 힘들어서 그런지도 모른다. 쌤은 갈매기다.

애버딘에 있는 쌤의 단골가게 점원인 스리아람 나가라잔의 말에 따르면 아주 능숙한 도둑질을 선보이는 쌤은 지역 주민 사이에

서 이미 유명인사다. 손님들은 쌤이 그런 행동을 한다는 것을 재미있어 하면서, 도리토스 한 봉지 값인 55펜스를 쌤 대신 내어주고 있다고 한다. 왕립 조류보호협회 의장은 "내 생전 그런 일은 들어보지 못했어요."라고 말한다.

쌤의 도둑질은 남아프리카공화국에서 공공연히 자행되는 조직범죄에 비하면 귀엽다고까지 할 수 있다. 케이프타운의 시몬스 타운 근처에서는 탄탄한 단원 29마리로 이루어진 갱단이 여행자들의 자동차들을 습격하여 약탈을 감행한다. 이들은 자동차 문을 열거나 열린 창문으로 뛰어들기도 하고, 자동차 지붕이나 냉각기 위로 뜀뛰기를 해서 안으로 들어갈 길을 모색하기도 한다. 지역 주민들도 이들 때문에 골머리를 앓는다. 이들은 집을 약탈하고 앞뜰을 접수하고 유랑생활을 하기 일쑤이다. 그들 중 가장 죄질이 안 좋은 악당은 두목 프레드였다. 프레드는 경찰들에게 몹시 악명이 높았다. 여행객들에게 가장 안 좋은 소식은 이 갱단이 아무리 범죄를 저질러도 죄를 물을 수가 없다는 점이다. 개코원숭이는 남아공에서 보호동물로 지정되어 있기 때문이다. 하지만 프레드에겐 이 점도 감안되지 않았다. 지역 사법기관은 프레드를 생포하여 사형을 집행했다. 부검결과, 프레드가 약 50번이나 총에 맞았던 것으로 확인되었다.

자동차를 약탈한 깡패 프레드. 그가 그런 짓을 한 이유는 분명하다. 독자들에게 묻자. 선택을 할 수 있다면 무엇을 택하겠는가?

프레드는 자동차를 습격해 약탈하는 깡패 두목이었다.
남아공 사법기관은 죄질 나쁜 프레드를 생포해 사형시켰다.
하지만 배가 고파서 먹이를 구했을 뿐인데…,
그게 뭐 그리 대단한 죄가 된단 말인가?

숲속에서 어렵사리 점심식사를 해결하겠는가, 아니면 손쉬운 간이음식점을 찾겠는가? 프레드와 단원들은 집과 자동차가 더 빠르고 편리하게 먹이를 구할 수 있는 원숭이들의 간이식당이라는 걸 배웠다. 그들은 이것을 범죄라고 보지 않았을지 모른다. 그저 효과적인 먹이 마련책이라 여겼을 뿐. 배고픈 게 죄란 말인가?

좋다. 하지만 생명 유지와 상관없는 범죄는 어떻게 보아야 할까? 재미로 혹은 지루해서, 또는 무슨 이유든 간에. 자, 프린세스 이야기를 할 차례다. 프린세스는 세 살이라는 귀여운 나이에도 이미 마을 생활보다는 원시림의 자유를 더 선호했다. 그는 기분 내킬 때만 마을을 방문하는데, 어느 날 마을에 와서 그곳 주민들이 씻는 것을 보고는 혹 하고 말았다. 그래서 비누를 훔쳐 그것으로 몸을 씻고, 옷을 훔쳐서 빨래를 했다. 어느 순간에는 마을 사람들의 배도 훔쳐갔다. 마을 사람들은 노를 숨겼지만, 소용이 없었다. 프린세스가 손으로 노를 젓기 때문이다. 주민들은 이제 배를 끈으로 매어놓았지만, 여전히 소용이 없었다. 프린세스가 끈을 풀어 배를 끌고 갔기 때문이다. 결국 주민들은 배에 돌을 채워 물속에 빠뜨렸지만, 그 역시 헛수고였다. 이제 프린세스는 모터보트에 맛을 들였던 것이다. 프린세스는 오랑우탄으로, 이런 범죄행위로 말미암아 영화계로 입성했다. 영화계의 전설 리처드 아텐보로의 다큐멘터리 영화에 스타로 등장한 것이다. BBC 다큐멘터리 '포유류의 생애'에서 시청자들은 프린세스가 얼마나 도끼를 잘 사용할 수 있는지 확인하며 깜짝 놀란다. 프린세스는 범죄자일까?

마피아적인 행동을 하고, 상점에서 물건을 훔치고, 차나 집을 습격해서 강도짓을 하고…. 이것은 나쁜 일일까? 우리 인간에겐 물론 그렇다. 그것이 공동생활의 규칙을 무너뜨리고 일상 자체를 방해하기 때문이다. 동물들도 마찬가지다. 공동체나 종 내부에서 그런 행동은 그룹의 단결을 위협하고 생존 가능성을 낮춘다. 그렇게 보면 선은 그 자체로 목적이 되는 게 아닐지 모른다. 그보다는 무리나 집단, 떼, 종의 단결을 위협하지 않고 그로써 공동의 유전자 풀의 생존가능성을 확보하려는 자연의 책략일 것이다. 그러므로 쌤, 프레드, 프린세스, 갈색머리흑조 모두 자신들이 나쁜 짓을 저질렀다고 생각하지 않을 것이다. 그들의 행동은 자신의 종에 해를 끼치지 않기 때문이다. 그러므로 그것이 어찌하여 나쁜 일이 되는가.

인간 역시 마찬가지다. 인간 역시 나쁜 일을 하면서도, 그 일을 나쁘다고 보지 않는다. 그런 일들이 자신의 종족에 해를 끼치지 않으면 우리는 그 행동을 나쁜 게 아니라 어쩔 수 없다고 생각한다(모피 역시 '어쩔 수 없음'의 범주에 속하는지는 좀 논의를 해볼 문제다). 하지만 공격성이 자신의 종에 해가 될 때는 어떻게 할까? 자, 이제 전쟁으로 가보자.

10년 간 이어진
응고고의 영토 분쟁

런던 파크레인 지역의 브로크 게이트. 너비 약 17미터에 길이는 17미터가 넘는다. 그곳에 갈색 사암과 브론즈로 여러 동물이 조각되어 있다. 무거운 짐을 진 청동나귀 두 마리가 담에 뚫린 좁은 통로를 지나가고, 다른 면에는 말 한 마리와 개 한 마리가 새겨져 있다. 20세기 전쟁에 참여해 목숨을 바친 많은 동물들이 '그들은 달리 선택할 수 없었다'라는 문구와 함께 조각된 것이다. 맞는 말이다. 800만 마리의 말. 무수한 나귀. 비둘기들…. 비둘기도 거의 30만 마리가 양대 세계대전에 투입되었다. 그들은 전령으로 일했다. 지뢰를 찾아내고, 폭격에 희생된 군인들을 발굴해냈다.

동물들은 전쟁 영웅이 되었다. 지아이 조라는 이름의 비둘기는 이탈리아의 한 마을에 갇힌 영국군 병사들을 구하기 위해 적진 위를 20마일이나 비행해 영국군에게 폭격 중지를 요청함으로써 훈장을 받았다. 콜리(스코틀랜드에서 목양견으로 명성이 높았던 영국 원

산견인 롭으로, 영국 공수특전단에 소속된 전쟁견 No. 471/332) 역시 북아프리카와 이탈리아에 투입되어 20회 이상의 낙하산 비행을 마침으로써 훈장을 받았다.

보스턴 테리어 견종인 스터비는 부대의 마스코트로 군 경력을 시작해 전선에서 자신의 능력을 빠르게 입증했다. 스터비는 특히 가스 공격으로 인한 독가스에 노출돼 생명을 잃을 뻔한 후부터 가스 냄새에 아주 예민해져서 얼마 뒤 가스가 살포되었음을 가장 먼저 감지하고 알림으로써 많은 동료를 살려냈다. 뿐만 아니라 부상당한 군인에게 위생병을 데려오고, 독일 스파이를 잡아내는 등 혁혁한 공을 세워 진급까지 했다. 군견 스터비에서 스터비 병장이 되었던 것이다.

인간이 있는 한 전쟁이 있고, 인간들이 전쟁을 하는 한 동물들도 참전하게 된다. 코끼리, 당나귀, 말, 강아지, 고양이. 돌고래는 수뢰 탐지와 수중 탐지에 투입된다. 바다사자도 마찬가지다. 비둘기에게 소형 카메라를 장착하기도 한다. 이 모든 끔찍한 일들은 인간에 대해 많은 것을 알려주지만, 동물에 대해서 뭔가를 알려주지는 않는다. 동물들은 어쩔 수 없이 그렇게 했던 것이다. 인간은 공격적인 종이며, 폭력에 열광하는 종 역시 인간이다. 인간은 자유, 형제애, 종교, 인종, 명예라는 명분으로 수백만 명을 학살하기도 했다.

그러므로 전쟁은 전형적인 인간적 악덕일까? 그렇다고 말하기

유기견 출신 스터비가 처음 전쟁에 투입된 것은 1918년이었다.
여러 차례 위기에서 공을 세운 후 '병장' 호칭까지 단 스터비.
이후 이 개는 백악관에 두 번이나 초청되었고,
미국 재향군인회 평생회원으로 등록되기도 했다.

힘들다. 아프리카로 한번 가보자. 그곳 우간다에서 일어나는 게릴라전을 보자.

전쟁은 10년 동안이나 계속되었다. 응고고의 전사들은 영토의 경계를 따라 순찰을 돌다가 이웃 종족 구성원들을 공격했다. 소리 없이 순찰을 돌다 살금살금 다가가 이웃의 젊은이와 어른들을 살육했다. 전쟁은 매우 끔찍하게 진행되어, 이로 인한 사망률은 농경사회의 다른 갈등 상황의 1.5~5배까지 이르렀다. 10년 간의 살육 뒤 승패가 결정되었고, 응고고 전사들은 적의 영토를 차지했다. 얻은 땅의 면적은 6.4평방킬로미터로, 본래 자기들 고향 면적의 20퍼센트가 넘었다. 전쟁의 무대는 우간다의 키발 국립공원. 응고고 전사들은 바로 침팬지들이었다.

응고고 침팬지들은 이웃 침팬지 종족을 상대로 10년 동안 게릴라전을 벌였고, 마침내 적의 영토를 차지했다. 다른 종족 침팬지들은 사라졌고, 응고고들은 그들의 새로운 고향으로 이주했다.

침팬지 식의 게릴라전은 거대한 군대가 대규모 전쟁터에서 서로 맞붙는 인간의 전쟁과는 거리가 멀다고 주장할 수 있을까? 그들의 몇몇 구역 다툼을 전쟁이라고 부를 수 있을까? 동물들이 군대를 편성해 그럴 듯한 전쟁을 한다고? 동물들은 그렇게 한다.

수만 군대가 돌격을 하고, 각각은 목숨을 바칠 준비가 되어있다. 그들은 결코 후퇴하지 않는다. 정찰병을 보내 목표를 찾게 하고, 팔랑크스(밀집한 전투 대형) 대형으로 전진하며, 만나는 족족 상대를 공격한다. 총알받이들이 가장 먼저 나아간다. 작고 쉽게 대치 가능한 전사들이 적군의 첫 돌격을 저지하는 것이다. 그 다음 비중 있는 전사들이 나아간다. 그들 중 다수는 총알받이들보다 몸무게가 최대 500배까지 많이 나가며, 작은 전사들이 붙잡아 놓은 적들을 살육한다.

이때 '각개격파' 작전을 쓴다. 즉 주된 병력이 작은 무리의 적들을 상대하면서 적의 주요 병력과 직접적인 전투는 피하는 방식이다. 이것이 승률을 높인다. 진보된 제노사이드(집단학살) 전략 핸드북에 나오는 기법이다.

이런 호전적인 종족은 아시아 약탈개미라는 개미 종으로, 곤충학자 마크 모펫은 이들에게 약탈개미라는 이름을 붙였다. 하지만 다른 종의 개미들에게서도 인간의 전법에 비견할 만한 호전적인 행동이 나타난다. 그들은 다른 종족들을 덮치고 후손을 잡아먹는다. 어떤 종들은 포로를 잡아 노예로 부린다. 모펫은 가미카제 전법까지 소개한다. 모펫이 자살특공대 개미라고 칭한 한 개미 종은 적과 접촉하는 가운데 자신의 몸을 폭발시켜서 노랗고 유독한 점액을 적에게 뿌려 죽음에 이르게 한다. 연구자들은 종종 개미 집단을 '초개체'라 칭한다. 수많은 개미들이 집단을 이루지만, 각각 개체로 살아가는 것이 아니라 그 집단이 전체로서 하나의 커다란 개체를 이룬다는 것이다(스타트렉의 보그 집합체(보그 협력체)를 연상시킨다). 초개체가 전쟁을 수행한다. 왜일까?

원숭이나 개미는 왜 전쟁을 벌이는 걸까? 제일 먼저 꼽을 수 있는 원인은 짝짓기이다. 번식하고자 말이다. 전사들은 평화적인 경쟁자들을 물리치고 암컷들을 공략한다. 어쨌든 학자들은 응고고 침팬지들의 공격적인 행동을 집단 내에 수컷 비율이 높기 때문이라고 본다. 짝짓기 가설이 또 한 점 먹고 들어가는 셈이다. 두 번째 원인은 응고고 침팬지들에 대한 데이터에 근거하여 선호되는 가설로, 영토와 자원이다. 먹이를 확보해 생존의 토대를 확장하기 위해 남의 영토를 침범한다는 것이다. 더 많은 먹이가 있으면 더 크고, 더 강해지고, 더 많은 자손을 둘 수 있으며 더 많은 암컷을 끌어들여 짝짓기 가능성을 높일 수 있다. 이로써 우리는 다시금 첫 번째 원인으로 돌아오게 된다. 짝짓기가 문제인 것이다. 트로이 전쟁이 생각난다고?

침팬지들의 전쟁과 인간의 전쟁 간 차이가 그것일까? 침팬지들은 영토와 자원 때문에 전쟁을 한다. 인간도 그렇게 한다. 그러나 인간들의 경우 명예, 종족, 인종, 이데올로기, 종교 또는 다른 추상적인 것들도 원인에 추가된다. 이것이 인간을 응고고 침팬지들과 구별시키는 요인일까?

아닌 것 같다. 이런 추상적인 개념들 역시 그룹을 단결시키는 데 필요한 사회적 접착제에 불과할 테니까 말이다. 그런 (종종 의심스런) 이상들은 집단을 뭉치게 한다. 갈등이 있는 경우 뭉쳐야 전략상 유익하다. 공동의 이상과 목표 하에 하나로 뭉친 집단은 위험한 상대다. 이상은 강력한 힘을 발휘한다. 인간으로 하여금 스스로를 넘어서도록 해준다. 반면 그것은 우리가 끔찍한 일들을 저지르게 하기도 한다. 인간이 이념의 이름으로 전쟁에 나갈 때, 그것은 응고고 침팬지의 영토 강탈과 얼마나 다를까? 그들 역시 자신들만의 텔레비전 카메라 앞에 서서 스스로의 영토 강탈 행위에 대해 수백 년간 끌어온 해묵은 요구를 실현한 것이라 변호할지도 모른다. 침팬지 추장이 저널리스트들 앞에 나아가 "그곳은 우리 조상들이 일군 축복의 땅이었어요."라고 연막을 칠지도 모르는 일이다. 그렇다면? 차이를 찾아보라.

우리가 이왕 악에 대해 이야기하고 있으니 말인데, 인간 공동생활의 다른 그늘진 면들은 어떻게 볼 수 있을까? 세계에서 가장 오래된 생업(직업) 하나를 살펴보자.

섹스를 사고 파는 동물들

100년 전쯤의 과거로 가보자. 그때는 정식으로 결혼하는 것 외에 성경험을 할 방도가 거의 없던 시절이었다. 그래서 사람들은 별도의, 직업적인 도움에 의존했다. 도덕이 느슨해진 인터넷 시대인 오늘날에는 이런 직업이 점점 더 매력을 상실하고 있다. 물론 공급은 충분하다. 프로뿐 아니라 돈을 안 받는 아마추어도 있다. 그러다 보니 가격이 다운되었다. 1911년 거리의 매춘부는 2007년 기준으로 환산하여 2만 5,000달러를 벌었다. 그러나 오늘날에는 1만 8,000달러 정도를 번다. 고급 매춘부는 1911년 약 43만 달러의 수입을 올렸고, 오늘날에는 20만 달러 정도다.

동물계의 암컷들은 더 조금 번다. 키스 첸과 화폐 개념을 아는 그의 원숭이들이 기억나는가? 첸은 원숭이들에게 교환수단으로서 화폐 개념을 가르쳐주었다. 영리한 원숭이들도 있었고, 강도 같은 원숭이들도 있었다. 원숭이들은 이따금 그들에게 동전을 의

미하는 은빛 금속 링을 훔쳐가려고도 했다. 그러던 어느 날 이런 일이 일어났다. 원숭이들은 커다란 방에 함께 살고, 그들 중 실험에 참가할 원숭이들만 옆방으로 옮겨가는데, 여기서 원숭이 중 하나가 단순한 생각을 실행에 옮겼다. 동전이 담긴 접시를 큰 우리로 이어지는 창살을 통해 뿌려버린 것이다(횡단보도에 행인들이 지나가는데 돈을 뿌린다고 상상해보라). 그러자 당연히 큰 우리에는 야단법석이 일어났다. 연구자들은 얼른 우리로 뛰어 들어가 질서를 잡기 위해 훔친 동전을 받는 대신 그들에게 과일을 나누어주었다. 그러나 이 행동은 원숭이들에게 기회를 엿보아 그런 일을 되풀이해도 좋다는 의미의 격려로 여겨졌다. 행동학자들도 때로는 교육학적 실수를 범한다.

그런데 첸은 이런 소란 속에서 벌어지는 한 장면을 주의 깊게 보았다. 어느 원숭이가 동전으로 먹을 것을 교환받는 대신 암컷 원숭이에게 동전을 화대로 지불하고 섹스를 시작한 것이다. 이어 그 암컷 원숭이는 동전을 포도로 바꾸어갔다. 이런 행동은 원숭이들이 정말로 동전을 교환수단으로 이해하고 있다는 증거였으며, 부수적으로 원숭이의 세계에도 매춘이 존재한다는 표지였다. 야생에서 사는 원숭이들도 섹스를 위해 대가를 지불하는 행동을 보인다. 암컷 침팬지들은 자신들에게 고기를 나누어주곤 하는 수컷들과 더 자주 섹스를 한다. 펭귄들도 비슷한 행동을 보인다. 펭귄 암컷들은 왕왕 혼외정사에 임하고 그 대가로 소중한 돌을 받기도 한다. 그 돈로 자신의 둥지를 넓혀서 자손의 생존가능성을 보장하기 위함이다.

매춘, 즉 대가를 받고 신체적 만족을 제공하는 것은 여기서 단순한 사업으로 드러난다. 수컷은 유전자를 전달할 가능성을 높이고, 암컷은 대가를 받음으로써 자신의 생존가능성(그로써 자손의 생존가능성)을 높이는 것이다. 우리 인간의 경우 왜 이런 일에 비도덕적인 딱지를 붙이는지 그 이유도 분명하다. 그것은 동물계의 수컷들이 자신이 마음에 둔 암컷에게 연적들이 접근하는 걸 좋아하지 않는 이유와 똑같다. 다른 수컷의 자손을 키우고 싶은 마음이 추호도 없는 것이다.

이런 시각에서 볼 때 매춘은 단순한 진화적 전략으로 보이며, 그것을 얼마나 나쁘게 여기느냐는 개인적인 견해에 따라 달라지는 듯하다. 그런데 우리가 기왕 인간 삶의, 또한 동물 삶의 이런 그늘진 영역에 다다른 만큼, 또 하나의 그늘진 면을 살펴보면 어떨까? 이것은 아마도 순전히 인간만이 보이는 행동일 것이다. 그러니까 어떤 동물이 대가를 지불하고 포르노 잡지를 살까? 미안하지만 우리의 예측은 틀렸다. 포르노그래피를 좋아하는 동물이 실제로 있다.

밥보다 포르노그래피

정확히 말하면 붉은털원숭이들이 그렇다. 자, 그들에게 선택을 할 수 있게 해보자. 수컷 붉은털원숭이가 암컷들의 외설적인 사진들을 보는 대신 주스를 포기할 수 있을까? 실험은 명쾌하게 진행된다. 잠재적인 원숭이 플레이보이 독자는 맛있는 체리 주스를 마실 것인지 아니면 맛없는 주스를 마시는 대신 성적으로 자유분방한 모습을 연출한 원숭이 암컷들의 사진을 볼 것인지를 선택할 수 있다(부디 자유분방한 원숭이 사진이 어떤 거냐고 묻지 말라). 따라서 우리의 플레이보이가 암컷들의 사진을 보고자 한다면 맛없는 주스를 감수해야 한다. 별로 놀랄 일도 아니다. 잠재적 플레이보이는 사진을 골랐다. 맛있는 주스와 포르노그래피를 교환한 것이다. 원숭이도 수컷들은, 그렇다. 그러나 왜 그럴까?

대답은 남자들의 머릿속처럼 그렇게 단순하지(원시적이지) 않다. 원숭이 포르노 연구자들은 그것이 영장류의 사회구조 때문일

수도 있다고 본다. 영장류의 두뇌(우리의 두뇌 역시)는 스펀지처럼 사회적 정보를 흡수하도록 훈련되어 있다. 왜 그럴까? 그것은 영장류 무리의 크기와 관계가 있다. 집단이 클수록, 집단 내의 관계들도 복잡하다. 그럴수록 집단 안에서 올바르게 행동하고 올바른 결정을 내리는 것이 어렵다. 반면 집단의 관계들에 대해 많이 알면, 결정을 내리기가 더 쉽다. 이런 생각이 맞는다면, 집단에 대한 모든 정보는 소중하다. 그것이 집단 속에서의 공동생활을 더 용이하게 해주니까. 암컷들 사진도 이런 정보에 속한다. 가령 암컷들의 번식 능력을 점치기 위해서 말이다.

연구자들은 이런 견해가 꽤나 설득력이 있다고 본다. 원숭이들은 서열이 높은 원숭이의 사진을 보기 위해서도 주스를 희생할 용의가 있었다. 그러나 서열이 낮은 동료들의 사진에 대해서는 그럴 용의가 없었다. 왜일까? 서열이 높은 자들은 일반 대중보다 우리의 결정에 본질적으로 더 중요하기에, 그래서 그들에 대해 모든 것을 아는 게 요긴하기에 그렇다. 게다가 그들을 직접적으로 응시하는 것은 공격적인 행동으로 해석될 수도 있어 위험하다. 낯선 사람이 당신을 빤히 쳐다본다고 생각해보라. 기분이 좋겠는가? 밤에 우범지역에서 전신에 문신을 한 근육질 몸매의 남성을 거리낌 없이 주목할 수 있겠는가? 그래서 우리는 돈을 지불해가며 사진을 보는 것이다. 우리가 잡지에 실린 할리우드 스타들의 소식에 사족을 못 쓰는 것도, 포르노를 보는 것도 다 그런 이유다. 연구자들은 자신들의 실험을 원숭이 포르노로 해석하지는 않았지만 말이다. 연구자들의 눈에 원숭이들은 단지 사회적으로 가치 있는 정보만을 수집했을 따름이다. 사회적인 정보들만이 중요하다. 그러나 이런 견해는 다음 질문 앞에서는 무색해진다. 심지어 원숭이들이 지위가 높은 원숭이의 사진에만 관심 있어 한다는 관찰과도 모순되는 질문. 그 질문은 이것이다. 왜 사회적으로 막장스런 삶을 퍼뜨리는 텔레비전 방송들이 인기가 있을까? 원숭이들도 스와핑(아내 바꾸기) 같은 프로그램을 볼까?

성적 일탈 이야기를 너무 많이 한 것 같다. 그렇다면 인간의 다른 악덕은 어떨까? 알코올은 이미 이야기했다. 하지만 흡연 역시 그와 비슷하게 만연한 현상 아닌가. 동물계에서는 다를까? 아니다. 그들도 마찬가지다.

소문난 골초들

중국 신장자치구의 톈산 산맥. 동물원의 방문객들은 침팬지 한 마리가 담배에 불을 붙이는 걸 보고 어안이 벙벙해진다. 맥주 한 캔을 손에 든 채 담배를 뻐끔뻐끔 피우며 동물원 관람객들의 시선을 받다가 이내 새로운 담배를 꺼내 피우던 담배로 불을 붙이는 모습은 영락없이 줄담배를 피우는 인간 골초의 모습이다.

와, 이런 동물은 세상에 단 하나뿐 일거라고? 산시성 시안 출신의 26세 된 암컷 침팬지 아이아이도 있다. 사육사들에 따르면 아이아이는 함께 살던 수컷 반려자가 죽은 뒤 슬픔을 못 이겨 담배를 피우기 시작했다. 남아프리카공화국 블룸폰테인 동물원에 있는 찰리 역시 유명한 골초다. 찰리는 어느 날 동물원 방문객이 '권한'(정확히는 던져준) 담배 맛을 본 뒤 흡연 침팬지가 되었는데, 흡연자들에게 기쁜 소식은 담배를 피우면서도 다른 침팬지들보다 평균 10년을 더 살았다는 사실이다. 하지만 동물원 관계자들은

절대로 흡연이 무해하다고 생각하지 않는다. 그리하여 인도네시아 자바의 타라주룩 동물원 출신 오랑우탄 토리는 관람객들이 우리에 던져주는 담배로 흡연을 시작했고, 이를 신기하게 생각한 관람객들이 계속 담배에 불을 붙여 우리에 던져줌으로써 10년간 흡연을 해왔는데, 이제 다른 동물원으로 거처를 옮겨 당분간 관람객들의 눈을 피해 금연에 돌입했다.

원숭이들도 담배를 피운다. 하지만 그건 동물원에 살다보니 인간의 행동을 따라 했기 때문이다. 야생에 사는 원숭이들은 담배를 피우지 않는다. 하지만 동물들이 정말로 그 어떤 약물도 입에 대지 않을까? 동물들이 약에 탐닉한다는 많은 이야기들은 여전히 학문적으로 논란이 분분한 소문들로 남아있다. 산타클로스가 빨강과 흰색으로 된 옷을 입고 순록이 끄는 썰매를 타고 날아다녔다는 이야기처럼 말이다. 전설에 따르면 산타클로스가 그렇게 한 것은 순록들이 독버섯인 광대버섯을 먹어서 기운이 펄펄 나고 혈기가 왕성했기 때문이라고 한다. 옛날 토착 샤먼들은 영적인 작전타임을 즐겨 가졌고, 그럴 때면 순록의 오줌을 마시곤 했다(진짜로 광대버섯을 먹는 건 너무 위험했기 때문이다. 용량을 조금만 초과해도 목숨을 잃을 수 있었다. 반면 광대버섯을 먹은 순록의 오줌에는 기운이 나고 유쾌하게 흥분하게 하는 성분은 들어있지만 걸러진 것이라 위험하지는 않았다). 그렇게 하여 사람들은 순록이 빨강과 흰색이 어우러진 버섯을 먹고 느끼는 환각을 간접적으로 경험할 수 있었다.

새의 깃털을 머리에 꽂은
두 마리 원숭이가 담배를 피우는 장면을 묘사한 그림.
흔치 않지만 담배를 피우는
원숭이는 과거에도 종종 있었다.

그러므로 빨강과 흰색이 어우러진 복장을 한 산타클로스와 그의 썰매를 끄는 순록에 대한 전설은 일말의 현실에 뿌리를 두고 있는 듯하다. 학문적으로는 논리가 매우 박약하지만 흥미롭다.

사람들이 어쩌다 순록 오줌을 마실 생각을 했는지는 분명하지 않다. 하지만 분명한 사실은 순록이 정말로 광대버섯이라 불리는 Amanita muscaria 버섯을 좋아한다는 것이다. 그들은 버섯 하나를 즐기기 위해 먼 길을 가는 것도 마다하지 않는다. 게다가 전형적인 블랙아웃 증상을 보인다. 비틀거리고, 머리를 흔들고, 괴성을 지르고…. 그런 행태를 보이는 건 순록뿐만이 아니다.

가봉과 콩고에서는 멧돼지와 긴꼬리원숭이의 친척인 맨드릴개코원숭이와 고릴라가, 줄여서 이보가 혹은 에보카라 불리는 협죽도과의 관목 타베르난틴 이보가의 뿌리를 캐서 먹는다. 뿌리가 환각작용을 일으키기 때문이다. 캐나다의 로키산맥에서는 양들이 향정신성 지의류에 열광하고, 남아프리카에서는 재규어들이 '신의 덩굴'이라 불리는 쓴맛 나는 덩굴식물의 껍질과 뿌리를 먹고 취한 모습을 관찰할 수 있다(인류학자들은 원주민들이 재규어를 보고 자신들도 덩달아 이런 덩굴식물을 활용하게 되었을 거라고 본다). 유럽의 가축들에게 제일 가는 환각제는 개박하(캐트민트)다.

이게 다일까? 커피의 유래와 관련해 어느 목동이 빨간 열매를 먹고 흥분해서 춤을 추는 염소들의 모습을 보고 커피를 발견했다는 이야기가 전해지며, 인디언은 라마들이 코카 잎을 먹고 혈기가 왕성해진 모습을 보고 코카의 효능을 알게 되었다고 한다. 동남아시아에서는 물소가 양귀비를 즐기는데, 양귀비꽃 개화 시기가 지나면 금단증상까지 보인다. 캥거루도 마찬가지로 양귀비를 즐기며, 취해서 크롭써클(혹은 미스터리 써클)까지 만드는 듯하다. 돌고래에 대해서도 그들이 독성 강한 복어를 가지고 놀다가 굉장히 흥분해서 파도 속을 누빈다는 보고가 전해진다.

하지만 동물들도 인간적인 의미에서 환각제를 사용하는 것일까? 돌고래가 가까이 하는 복어의 독인 테트로도톡신은 코카인보다 12만 배 더 치명적이며, 무시무시한 독사 블랙맘바를 포함해 동물계에서 알려진 그 어떤 독보다 위력이 100배는 더 강하다. 그러므로 약간 취하려고 그토록 치명적인 물질에 스스로를 내맡기는 것일까? 극미한 양의 테트로도톡신으로도 마비가 일어나는데 말이다. 동물들은 왜 그런 것들을 소비할까? 물론 비판자들은 환각제에 취해 혈기가 왕성해진 동물들에 대한 이야기는 믿을 게 못 된다고 말하겠지만, 그렇다고 모두가 근거 없는 이야기는 아닐 터이다. 인간은 동물과 달리 학교에서 약물이 나쁘다고 배우는데도 불구하고 스스로 위험 속으로 걸어 들어가는 걸 생각하면, 동물들 역시 왕왕 정신적 작전타임을 갖고 싶은 건 아닐까?

어쩌면 다음 실험이 그 확실한 이유를 보여주는 건 아닐까? 필리핀 원숭이를 스트레스 받게 한 뒤 곧바로 음식을 제공해보니 선호가 확실히 갈렸다. 서열이 낮은 원숭이들은 스트레스가 심했던 하루를 보낸 뒤 온전한 먹이보다는 코카인이 함유된 먹이를 더 선호한 반면, 더 힘세고 서열이 높은 원숭이들은 코카인을 그다지 필요로 하지 않았다. 그러므로 스트레스가 있고 별볼일 없는 자가 약물에 더 취약하다는 소리다. 인간 직장생활과 별반 다를 게 없지 않은가.

이왕 인간의 직장생활에 대한 이야기가 나왔으니 말인데, 직업 중 최악의 업종은 무엇일까? 지난 10여 년 사이 사회에서 일어난 위기와 혼란을 경험한 사람들에게 그 대답은 자못 명확할 수도 있다. 여하튼 해당 전문지의 기사에 따르면 말이다. 그 전문지란 다름 아닌 〈플레이보이〉! 이 잡지는 설문조사에서 응답자들에게 결코 친하게 지내고 싶지 않은 사람이 누구냐고 물었다. 그 결과 1위와 2위에 랭크된 것이 매춘부와 범법자. 이 둘은 우리가 이미 이야기했다. 그리고 3위는 투자은행가, 4위는 정치가가 차지했다. 적지 않은 혼란과 위기를 겪은 사람들은 이제 누가 불순분자인지 알고 있다. 바로 은행가들이 그런 부류라는 걸.

차라리 쥐새끼에게
투자 상담을 받지

곡마단 같은 금융시장에서 특히나 비열한 종자들은 바로 선물시장 딜러들이다. 그들은 주식, 환율, 원료, 식량을 선 매매, 후 물건 인수의 형태로 사들인다. 지금 사고, 지불하고, 나중에 받는 것이다. 이런 것을 선물futures 거래라 부른다. 계산에 능숙하고 자신의 이익을 날카롭게 감지해 활용하는, 신경줄 강한 에고마니아들을 위한 사업이다. 쥐새끼 같은 녀석들.

기왕 쥐새끼라는 말이 나왔으니 말인데, 미하엘 마르코비치는 '똑똑한 거래의 해법'이라는 슬로건 하에 쥐들을 '선물 딜러'로 만들었다. 이를 위해 마르코비치는 기존의 차트, 즉 이 시장의 시세 동향을 보여주는 그래픽을 일련의 음향신호로 바꾼 뒤 쥐들로 하여금 이런 음향신호에 적응하여 음의 열들로부터 패턴을 인식하도록 훈련시켰다. 쥐들은 패턴을 인식하자마자 단추를 눌러야 했는데, 자기들이 보기에 패턴이 상승할 것 같으면 초록 버튼을, 하

락할 것 같으면 붉은 버튼을 눌러야 했다. 예측을 잘 해내면 맛있는 간식이 주어졌다.

에이, 설마. 쥐들이 정말 그런 걸 알 수 있다고? 사실 미하엘 마르코비치는 원래 동물실험 따위를 하는 학자가 아니고 예술가다. 인터뷰에서도 자신이 이런 실험을 정말로 진지하게 생각하는지에 대해 속시원하게 말하지는 않았다. 하지만 미하엘 마르코비치의 생각은 틀리지 않은 것 같다. 선물 딜러 쥐들이 우리에게 이런 시장과 직업에 대해 시사해주는 바가 있기 때문이다. 앞서 쥐새끼에 비유한 선물 거래 딜러들도 우리에게 시장 동향에 대해 말해준다. 금융시장의 마술사들은 스스로를 '금융시장 분석가' '주식투자 상담사'라고 칭한다. '차트 분석 애널리스트'라고 부르기도 한다. 이런 직업이 탄생한 것은 금융시장에서 패턴을 인식할 수 있고, 그것에 근거해 이윤을 얻는 전략을 개발할 수 있다고 생각하기 때문이다. 이런 견해가 맞는다면(의심을 제기할 수 있고 제기해야 한다) 쥐들도 그런 패턴을 인식하고 그로써 칼로리가 듬뿍 담긴 이윤을 얻지 말라는 법이 어디 있겠는가?

상황이 이렇다 보니 쥐를 비롯한 동물들이 증권거래소에서 꽤나 실적을 올린 것도 놀랄 일은 아니다. 〈시카고 선타임스〉에 따르면 애덤 몽크는 여러 해 동안 증시에서 투자 조언을 해왔다. 〈월스트리트 저널〉을 펼친 채 연필을 들고 앉아, 체크를 하거나 동그라미를 치는 게 그의 추천 종목이다. 대부분의 해를 애덤 몽

원숭이 애덤 몽크는 꽤나 실적 좋은 투자 상담사였다.
뭐, 별것도 아니었다.
경제지를 펼쳐놓고 앉아 마음 내키는 대로
동그라미를 쳐서 투자 종목을 정했다.
그것만으로 그는 평균을 웃도는 수익을 낼 수 있었다.

크는 다우존스 평균 주가지수를 웃도는 수익률을 자랑했다. 고액 연봉을 받는 증권 컨설턴트들보다 실적이 좋았던 것이다. 애덤 몽크는 원숭이다.

러시아에서는 역시 원숭이인 루샤가 나무 조각으로 주식 종목을 선택했는데, 단숨에 러시아의 전체 투자매니저 중 상위 5퍼센트에 드는 수익을 창출하는 데 성공했다. 루샤의 동료 레이븐은 130개의 인터넷 기업 리스트에 화살을 던져, 2000년 미국 투자 매니저들 중 22번째로 높은 수익률을 냈다. 한국에서는 2009년에 개최된 모의 투자대회에서 앵무새가 6주 간의 주식투자로 열 명의 전문 주식브로커 중 3위에 랭크되는 일도 있었다.

이것은 동물들이 전문적인 재산관리 능력을 지녔다는 말이 아니다. 미래를 예측하는 일은 참으로 어려워서, 때로는 우연이 더 잘 먹힐 수 있다는 의미다. 동물 투자자들이 보여주는 것이 바로 우연이 가져다주는 수익률이다. 물론 그들이 인간 투자상담사들처럼 높은 PR 능력을 발휘하는지는 잘 모르겠다. 비즈니스 정장을 입은 잽싼 신사숙녀들이 다트 화살을 던지는 침팬지나 앵무새보다 훨씬 멋진 광고 브로셔를 만들 거라는 사실만은 분명하다.

그건 그렇고 금융전문가라는 직업을 모두가 좋지 않은 시선으로 바라보지는 않을 듯하다. 그보다 더 안 좋은 시선을 받는 직업이 있지 않을까? 물론이다. 특히 패거리로 다니면서 그런 일을 한다면 말이다.

동물계의 온갖 개자식들

무리지어 사는 것은 상당히 이롭다. 끼리끼리 어울려 수다를 떨면 재미있을 뿐 아니라 침입자들로부터도 안전하다. 왜 그럴까? 간단하다. 눈이 많을수록 더 잘 보고, 귀가 많을수록 더 잘 들으며, 코가 많을수록 냄새를 더 잘 맡을 수 있다. 그러므로 수상한 침입자도 더 빨리 발견해 그룹 구성원들의 생존 확률을 높일 수 있다. 그뿐만이 아니다. 맹수가 공격해오면, 무리 속에 숨어있는 것이 절대적으로 유리하다. 적의 날카로운 이빨이 이웃만 낚아채고 자신의 털가죽은 건드리지 않길 바라면서 말이다. 무리의 중간에서 어슬렁거리는 자는 외부의 공격에서 살아남을 확률이 높아진다. 공격자가 무리의 가장자리에서 목적을 달성하면 포만감을 느끼며 현장을 떠날 테니까. 전방 보초들은 무리 안쪽 구성원들을 위해 희생한다. 얼마나 좋은 일인가. 자기 자신이 보초 신세가 아니라는 전제 하에 말이다.

하지만 더 안 좋게 될 수도 있다. 공격자가 이웃만 집중적으로 공략하는 것이 자신이 먹힐 위험성을 감소시킨다면, 공격자의 일을 좀 거들지 못할 이유가 뭐란 말인가? 브라질에서는 소를 기르는 축산농부들이 소 떼를 데리고 피라냐가 득시글거리는 강을 건너야 할 때 이런 원칙을 적용한다. 그들은 아쉬운 대로 제일 만만한 소 한 마리에 상처를 내어 피를 흘리게 해서는 물속으로 들여보낸다. 그러면 피라냐들은 부리나케 그곳으로 모여들고, 이어 달갑지 않은 장면이 연출되는 동안 농부들은 저만치 떨어져서 나머지 무리를 몰고 부리나케 강을 건넌다. 이에 대해 작가 리처드 코니프는 자신이 언젠가 댈러스 월드 아쿠아리움에서 100마리의 배고픈 피라냐가 사는 수족관으로 기어 들어갔더니, 피라냐들이 수조의 다른 쪽 구석으로 피신해 버리더라고 비웃었다. 뭐, 피에 굶주린 야수도 그럴 때가 있긴 하다.

마약 밀매업자들도 피라냐 전략을 사용한다고 한다. 적은 양의 마약을 소지한 급사로 하여금 세관을 지나가면서 정보를 흘리게 한다. 그리고는 세관원이 의기양양하게 이런 '소어小魚'를 연행하는 사이, 진짜 대어는 눈을 찡긋하며 세관을 통과하는 것이다. 이런 비열한 전략을 구사하는 종이 인간 외에 또 있을까?

이제 카라신과의 담수어인 아스티아낙스 비마쿨라투스가 입장할 차례다. 전문지 〈동물 행동〉에 따르면, 몸길이 약 10센티에 무리를 지어 살아가는 이 물고기는 미안하지만 정말로 개자식들이다. 이 물고기의 피부는 특이하다. 피부에 상처를 입으면 피부 세포들이 일종의 경보물질을 분비해 동료들이 놀라 피신하게끔 한다. 정말 실용적인 경보 시스템이라고? 이 시스템의 문제는 따로 있다. 이 경보물질이 공격자를 유인할 수도 있다는 것이다. 경보물질이 '여기 상처 입은 물고기가 있으니 어서 습격하시오.' 하는 초대장이나 다름없다. 이 카라신과 담수어는 바로 그 점을 이용한다.

어떻게? 공격자가 나타나면 이 물고기들은 공격성이 증가해 서로를 물기 시작한다. 연구자들의 해석에 따르면 이것은 순전히 이기적인 행동이다. 경보물질이 공격자를 유인하고, 이제 그는 동료들에게 가장 많이 물린 물고기에게 덤벼든다. 그러면 나머지 동료 물고기들은 유유히 사라져버린다. 즉 강도가 접근하면 얼른 동료를 물어 낯선 강도의 소화기관으로 그를 밀어넣은 다음, 그 덕으로 나는 온전하게 살아남는다. 이런 행동에 대해 어떻게 생각하는지 당신의 윤리 선생님에게 물어보라.

행실이 좋지 않은 동물들에 대한 이야기로 지면을 더 채워나갈 수도 있다. 하지만 여기서는 동물계의 가장 추악한 범죄를 짧게 열거하고 넘어가기로 하자. 어떤 범죄들이 있을까? 없는 것이 별로 없다.

성폭행? 물론 있다. 다람쥐, 벌새, 거위, 신천옹(알바트로스)이 그런 범죄를 저지른 전력이 있음은 오래 전에 증명되었다. 청동오리들의 경우 집단 강간사건까지 알려져 있고, 돌고래와 개구리들도 이런 행동을 보인 전력이 있다. 캥거루는 왕왕 사람을 강간하려고 시도했다고 하는데, 이보다 더 나쁠 수 있을까? 물론이다.

몇몇만 예를 들자면 사자와 홍학, 검은머리 물떼새는 유아 살해를 저지르기도 한다. 남매 살해는 샌드타이거 상어, 하이에나, 세가락갈매기에게서 전례가 있으며, 갈매기와 원숭이 중 많은 종에서 부모가 자식을 학대하는 행위가 나타났다. 이왕 가정범죄 이야기가 나왔으니 말인데, 간통은 동물계에도 만연해 있다. 참새들의 경우, 암컷 중 95퍼센트가 간통 혐의가 있음이 학문적으로 입증되었다. 한 둥지에 들어있는 새끼들이라고 한 아버지에게서 태어난 것들이 아니다. 그들의 아버지 수는 평균 2.5마리다. 그러니 여기서 배우자 살해까지는 멀지 않다. 이 역시 동물계에서 어렵지 않게 찾아볼 수 있다. 주간지 동물판이 있다면, 인간에 뒤지지 않는 풍성한 내용으로 매주 사건사고 지면을 채울 수 있으리라.

이로써 우리가 좋아하지 않는 대부분의 특성들을 다 살펴보았다. 이제 남은 것이 있다면 어리석은 것 정도? 인간이 얼마나 멍청한 짓을 자주 하는지는 이미 이야기한 바 있다. 그럼 동물들은 어떨까?

멍청하고
어리석다는 것

애완동물 주인들을 대상으로 한 특별보험인 미국의 수의사애완동물보험에서 매년 시상하는 햄본 상을 한번 살펴보자. 이 보험사는 매년 그 해의 보험사고 중 동물들이 이성을(원래 있다고 한다면) 잃음으로 말미암아 벌어진 가장 기괴한 사례에 대해 표창을 한다.

수상자들 중 선두를 달리는 그룹은 바로 먹이 사고를 낸 동물들이다. 래브래도 견 루크는 골프공을 삼켰고, 그의 동료 스텔라는 콩 통조림을 한꺼번에 삼키다 캔이 입에 걸려버렸다. 역시 래브래도 견인 거스는 과자, 버터토피 캐러멜, 비닐 랩 등을 자기 몸무게만큼이나 마구 삼키는 사고를 내서, 수의사가 거스의 배를 열어 2.7킬로그램의 달콤한 '죽'을 다시 꺼내야만 했다. 몹스 견(불독과 비슷하지만 불독보다 작은 개) 홀리도 상을 받을 뻔했다. 어느 날 그는 똥 대신 돌들을 배출했고, 급하게 엑스레이를 찍어보니 몸속에 남은 돌이 100개는 되었다. 집돼지 크리스피는 어느 날 주인

집의 가정상비약 상자를 열어 진통제와 베타 차단제 등을 모조리 삼켜버렸다. 래브래도 견인 엘리 역시 주인을 기겁하게 만들었다. 엘리 가족들은 꿀벌 둥지 하나를 스프레이 살충제로 절단내고는 죽은 벌들이 있는 둥지를 치우지 않고 그냥 내버려두었다. 그런데 어느 날 엘리가 푸지직 똥을 싸는데 꿀벌들이 그냥 나오는 게 아닌가. "우린 이 많은 벌들이 다 어디에서 온 것인지 어안이 벙벙했어요. 벌집은 그리 크지 않았는데 말이에요."

이 보험사는 수상자들 및 수상 후보들에게 "새로운 가족구성원을 집에 들이고자 한다면, 반드시 새로운 동물에 적합한 환경을 조성해주어야 한다"고 충고했다. 동물과 관련한 사고 리스트는 얼마든지 계속 읊을 수 있다. 멍청한 동물들에 대한 조롱은 인터넷에도 많이 올라있다. 꽤나 멍청해 보이는 몇 가지를 열거하자면, (짝짓기를 하기에는 너무 멍청한) 팬더, (온종일 잠만 자는) 나무늘보, (비가 내리는데도 30초 정도 우두커니 공중을 바라보는) 칠면조들, (도토리를 어디에 묻어두었는지 잊어버린) 다람쥐들이다. 하지만 조금 더 생각하면, 그것이 꼭 멍청한 짓일까? 인터넷에서 네티즌들에게 멍청하다고 놀림받는 동물로 카카포라는 뉴질랜드 앵무새가 있다. 멸종이 우려되는 매우 희귀한 새인데, 네티즌들의 비웃음을 산 이유는 위험에 처해서도 전혀 영리한 전략을 구사하지 못하기 때문이다. 즉 카카포는 육식동물이 나타나면 몸이 굳은 채 상대가 자신을 인지하지 못하기만 바라며 가만히 있다. 불쌍한 카카포를 자신의 식단에 올리기 시작한 고양이나 어민(북방족제비)에게 이런 전략이 먹혀들까? 너무도 어리석은 전략이 아닌가?

언제나 그렇듯이 상황에 따라 다르다. 카카포의 본래 천적인 맹금(육식조)을 상대로는 움직이지 않고 가만히 있는 게 아주 좋은 전략이다. 맹금들은 움직임으로 먹잇감을 분별하니까 말이다. 카카포는 사실 고양이를 상대로는 전략을 수립할 필요가 없었다. 카카포의 자연적인 서식 공간에는 고양이들이 없었으니까. 두 다리로 걷는 환경파괴범들(인간)이 고양이를 끌고 들어오기 전까지는 말이다. 그렇게 따지면 진짜 멍청한 쪽은 누구일까?

과연 누가 멍청하고, 악하고, 이기적인가. 그리고 정확히 언제 이런 상태가 되는가? 동물들이 선악의 개념을 가지고 있는지는 말하기 어렵다. 우리가 '악'으로 정의하는 많은 것들이 동물들에게는 그저 생존과 번식의 명령일 뿐이리라. 자연을 따르는 자는 윤리 수업을 받을 시간이 없다. 나초 칩을 훔치는 갈매기, 보트를 훔치는 오랑우탄은 재산이나 소유에 대한 생각 같은 걸 하지 않는다. '가족' 가운데 일어나는 사건들도 잔인하게 보이지만 대부분 단순한 진화적 배경에서 비롯된 일들이다. 인간은 이런 부름을 제어하는 삶의 수준에 도달했지만 말이다. 그렇다고 인간이 더 나은 존재일까? 우리가 경박하게 고개를 쳐들고, 인간을 무슨 특별한 존재인 양 선언하고자 한다면, 한 번 더 곰곰이 숙고해보는 게 좋겠다. 재미로 동료를 괴롭히는 종이 인간 외에 또 있단 말인가?

제 자신이 사는 행성을 망가뜨릴 수 있는 무기를 개발한 종이 인간 말고 또 있는가? 인간에겐 좋은 면들도 많지만 숨기고 싶은 그늘진 면들 역시 그 못지않게 많다는 점을 명심하라. 인간과 동물은 같은 세계를 공유하고 있으니, 이 세계의 법칙이 모두에게 적용되지 말아야 할 이유가 무엇이란 말인가? 그건 그렇고 세계가 하나가 되면 어떤 일이 벌어질까?

10장

하나의 행성을 공유하며

마약왕이 조국에 남긴 유산

엘비에호에게 뭐 그리 큰 잘못이 있겠는가. 엘비에호는 스페인어로 '노인'이라는 뜻이다. 하지만 엘비에호는 나이가 많아 비실대는 노친네와는 거리가 멀다. 오히려 건강하고 비열한 녀석이다. 나이가 많지도, 비실거리지도 않는다. 상당히 마초적인 성품의 엘비에호는 아내들을 거느리고는, 이들에게 접근하는 녀석들이 보일라치면 거대한 이빨을 내보이며 위협적으로 몰아낸다. 경쟁자들로 하여금 숙녀들을 포기하도록 만드는 데는 이런 공격적 과시로 충분하다. 쫓겨난 경쟁자들은 따로 자기 구역을 물색해 스스로 가족을 이루는 수밖에 없다. 이런 삶이 무슨 문제가 있을까?

문제가 좀 있었다. 일은 2007년 흥분한 한 시민이 보고타의 환경부에 전화를 걸어오면서 시작되었다. 보고타로부터 북서쪽으로 322킬로미터 떨어진 안티오키아 주의 한적한 시골 지방에 이상한 동물이 출몰했다는 신고였다. 그 동물이 강에서 목욕을 하고 있

는데, 입은 무지막지하게 크고 귀는 작다고 했다. 현장에 출두한 환경부 관리는 눈을 의심했다. 이상한 동물은 바로 하마였다.

하마가 남미 콜롬비아에? 약간이라도 지리 지식이 있는 사람이라면 이마를 찌푸릴 것이다. 하마는 남미에 서식하는 동물이 아니다. 엘비에호와 그의 동료들은 대체 어디서 나타난 것일까?

장면을 바꾸어 1993년으로 가보자. 마약왕 파블로 에스코바르는 도피행각을 벌이던 중 메데인의 한 지붕 위에서 사살된다. 44세 생일 다음날이었다. 에스코바르는 전 세계인으로 하여금 콜롬비아 하면 코카인, 폭력, 살인을 떠올리게 한 장본인이다. 에스코바르는 스무 살 때 자신의 패거리에게 "5년 뒤 백만장자가 되지 않으면 난 스스로 목숨을 끊겠다"고 공언하고 다녔다. 그리고 5년 뒤 그는 목숨을 끊지 않아도 되었다. 자동차 절도범으로 시작해 마약 밀매로 승승장구해 거부가 된 뒤, 메데인의 로빈후드를 자처하며 그곳 주민들에게 돈을 풀었다. 단 자신의 사업에 방해가 되면 정치인이든 저널리스트든 가리지 않고 살해해버렸다. 함께 일하던 조직원도 마음에 들지 않으면 경쟁조직이나 치안당국에 넘겨버렸다. 이런 사업모델을 '나르코 테러리즘(마약 테러리즘)'이라 부른다. 시쳇말로 가성비 최고인 사업모델이었다고나 할까? 〈포브스〉는 1989년 그의 재산을 3조 3,000억 원 규모로 추정했는데, 이는 세계 7위 부자에 꼽히는 규모였다. 파블로 에스코바르의 전 애인은 "파블로 집들의 옷장마다 달러 지폐로 꼭꼭 채워져 있었다"고 증언하기도 했다.

하지만 어느 순간 에스코바르의 범죄 행위가 도저히 묵과할 수 없는 수준이 되어버렸다. 적이 많아졌고 더 이상 그를 놔두어서는 안 된다는 여론이 팽배했다. 이제 그냥 두고 볼 수 없다고 판단한 미국이 콜롬비아 정부에 에스코바르 인도를 요청했고, 파블로는 이에 대해 "미국의 감방보다는 콜롬비아의 무덤이 낫다"며 큰소리를 치다가 정말로 무덤에 들어가는 신세가 되었다. 그리고 그의 동향인들에게 하마 엘비에호를 남겼다.

그도 그럴 것이 에스코바르의 집에는 식물원도 있고, 동물원도 있었다. 에스코바르는 보고타와 메데인 중간지점에 위치한 자신의 나폴레스 농장에 코끼리, 기린, 호랑이 등 콜롬비아에 없는 동물들을 밀수해 동물원을 만들었다. 물론 하마도 있었다. 아주 근사한 동물원이라 콜롬비아 사람들이 그곳으로 관광을 왔다. 학생들이 버스를 타고 와서 그의 동물원을 관람했다. 실제와 비슷하게 재현해놓은 공룡 모형도 구경하고, 에스코바르가 미국으로 코카인을 밀매하는 데 사용했던 첫 프로펠러 비행기 모형들도 구경했다(파블로는 자기 선전이 대단히 심한 사람이었다). 에스코바르가 메데인의 주택 옥상에서 총격전 끝에 숨진 뒤, 그의 사설 동물원은 해체되고 거기에 있던 동물들은 공립동물원으로 자리를 옮겼다. 하지만 모든 동물이 거처를 옮긴 것은 아니었다. 왜 그랬는지 이유는 모르지만 하마 역시 그냥 그곳에 남아 주변 지역까지 접수했다. 20평방킬로미터의 텅 빈 공원은 아주 아늑했다. 하마의 기준으로 보자면 지상낙원이었을 것이다. 근처에 물살이 세지 않은 강도 있겠다, 천적도 없겠다, 먹을 것도 많겠다…. 그렇게 '해피 히포'의 수는 하나 둘 불어나기 시작했고, 그 지역은 행복한 하마들의 서식지가 되었다.

정부는 이제 뭔가 조치를 취할 필요가 있었다. 하마는 귀여운 귀나 뭉툭한 생김새와 달리 매우 위험한 동물이기 때문이다. 하마는 자신의 구역을 침범당하면 사나운 공격성을 보인다. 아프리카에서는 매년 하마의 공격으로 목숨을 잃는 사람이 사자에게 희생당하는 사람보다 더 많은 실정이다. 하마가 자신의 구역을 방어하는 모습을 한 번이라도 본 사람은 무슨 말인지 알 것이다.

하지만 사냥꾼이 첫 번째 하마인 페페를 사살하고 그 사진을 공개하자 콜롬비아에서 분노의 물결이 일어났다. '하마는 무해하다, 왜 불쌍한 동물을 죽이는가' 하는 여론이 들끓었다. 아이들이 하마와 함께 수영을 한다고 했으며, 몇몇 집은 하마 새끼를 애완동물로 기른다고 했다. 이렇듯 분노한 여론 앞에서 보고타의 하마 사냥 계획은 물거품으로 돌아갔고, 페페의 친구인 마틸다와 그 새끼들은 목숨을 부지할 수 있었다. 환경보호운동가들은 플로피(귀엽게 보이는) 효과가 공적인 분노에 불을 지피는 데 주된 역할을 한 것으로 본다. 야수라기엔 외모가 너무 귀여웠던 것이다.

괴링의 굶주린
발톱과 독두꺼비

하마를 밀수하는 마약왕은 이제 그리 흔하지 않다. 그렇다면 동물들이 원래 자신의 고향이 아닌 곳에 서식하는 일이 점점 잦아지는 이유는 무엇일까? 물론 인간 때문이다. 현대인. 정확히 말하면 중국산 티셔츠를 입고, 한국산 전화기를 사용하고, 인도산 차를 마시고, 미국산 자동차를 타고, 러시아산 보드카를 마시고, 뉴질랜드산 키위를 숟가락으로 퍼먹고, 언젠가 칠레의 이스터 섬에 가보고 싶어하는 현대인 때문이다.

인간이 동물과 공유하는 세계가 점점 더 작아지는 현상을, 우리는 간단하게 '글로벌화'라고 부른다. 인간은 지구의 아주 외딴 지역에까지 들어가서 그곳 환경을 바꾸어놓는다. 그리고는 이런 외딴 지역에서 벗어나 집으로 돌아오면서 홀홀단신으로 돌아오지 않는 경우가 다반사다.

글로벌화. 그것은 국가와 대륙 간 무역이 더 늘어나는 것을 의

미한다. 더 많은 배와 컨테이너선이 왕래하고, 비행기도 수시로 착륙한다. 관광객도 더 많이 다니고, 외국산 물건들도 더 많이 오간다. 낯선 동식물은 운하나 화물 컨테이너를 통해 배의 바닥짐으로, 혹은 포장재에 끼이거나 의식적인 반입을 통해 들어와 종종 토착 동식물계에 악영향을 미친다. 독일만 해도 그렇게 유입된 황소개구리, 칠레 홍학(칠레 플라밍고), 목도리앵무새가 왕성하게 확산되고 있다. 그리고 이런 일은 늘상 긍정적인 결과만을 초래하지 않는다. 흑해 출신 물고기인 망둥이는 도나우 강과 마인−도나우 운하를 거쳐 라인 강까지 거슬러 와서 토착 물고기의 알과 석패과의 민물조개를 먹어치워 버린다. 라쿤(북아메리카산 너구리)의 피해도 만만치 않아 얼마 남지 않은 유럽 연못 거북의 멸종을 부추기고 있다. 라쿤은 1930년대에 의식적으로 방생되었는데, 문헌에는 나치의 2인자였던 헤르만 괴링이 개인적으로 이 굶주린 라쿤을 반출할 것을 명령했다는 일화가 여러 군데 등장한다. 공식문서로는 확인되지 않은 사항이지만 영국 언론은 이 동물을 '나치 라쿤'이라 지칭하며, 종종 '괴링의 굶주린 발톱'이라고도 불린다.

플로리다 남부 습지 에버글레이즈(국립공원)에서는 미얀마에서 들여온 비단구렁이가 토착 동물 종들을 싹쓸이하다시피 했다. 관찰 빈도로 판단할 때, 비단구렁이의 서식지에서는 라쿤이 99퍼센트 감소했고, 주머니쥐는 98퍼센트, 붉은 스라소니(보브캣)는 87퍼센트 감소했다. 토끼는 아예 찾아볼 수가 없다. 아직 비단구렁이가 서식하지 않는 근처 지역의 경우, 이들 동물이 아주 흔한데 말이다.

인간은 세계를 더 작게 만들었다. 그로써 동물의 세계도 축소시켜 놓았다. 인간은 점점 더 동물들의 운명을 좌우하고, 그들의 서식공간을 변화시키고 있다. 최악의 경우 에버글레이즈에서처럼 동물들의 세계를 파괴하기도 한다. 불쌍한 토끼는 왜 비단구렁이를 조심해야 하는지 배우지 못했으므로 속수무책 당할 수밖에 없다. 호주의 동물계에서는 독두꺼비인 수수두꺼비에 대해 속수무책이다. 수수두꺼비를 잡아먹는 경우, 몸집이 아주 큰 뱀이나 민물악어조차 이 두꺼비가 품은 독으로 말미암아 살아남지 못한다. 원래 남미가 고향인 수수두꺼비는 심장근육을 공격하는 맹독을 지니고 있는데, 위험을 느끼면 뒷머리에 위치한 맹독 주머니에서 약 2미터 떨어진 곳까지 독을 뿜어낸다. (귀여운 귀 같은 것도 없어서) 애완동물로서는 아주 부적당하고 호감을 자아내지도 않는 이 두꺼비는 호주의 동물계에 위협이 되고 있다.

이런 독두꺼비가 어떻게 해서 남미에서 호주로 오게 된 것일까? 호주 정부는 1935년, 이 두꺼비 100마리 정도를 호주에 유입시켰다. 사탕수수 밭에 피해를 주며 농부들의 근심거리로 떠오른 딱정벌레를 퇴치하기 위해서였다. 그러니까 독두꺼비는 사탕수수를 먹어치우는 딱정벌레를 먹어치우기 위한 바이오 무기로서 호주 대륙에 발을 디딘 것이다. 하지만 이들을 바이오 무기로 이용하자는 생각은 너무 짧은 것이었음이 곧바로 판명났다. 딱정벌레는 날 수 있는 반면, 두꺼비는 날지 못하기 때문이었다. 게다가 수수두꺼비들은 딱정벌레를 전혀 좋아하지 않았다.

그렇다면 어째서 이렇게 정신 나간 생각을 했던 것일까? 다른 나라 농부들 사이에서 수수두꺼비가 자주 보이는 지역에서는 딱정벌레가 감소한다는 소문이 돌았고, 사람들은 이것을 '아, 이 두꺼비가 딱정벌레를 잡아먹는구나'라고 해석한 게 틀림없었다. 유감스럽게도 이 현상은 우연의 일치였을 뿐이니, 딱정벌레 감소는 오히려 특수한 날씨 탓이었다. 학문에서는 이를 '선후인과의 오류'라고 일컫는다. 즉 B(두꺼비가 많은 것) 다음에 A(딱정벌레가 적은 것)가 일어났으니, 그 둘 사이에 인과관계가 있다고 해석하는 것이다. 즉 B 덕에 A가 감소했다고 판단하는 식이다. 행운을 가져온다는 셔츠를 입거나 액운을 막으려고 부적을 지니는 등의 행위가 이런 오류에 해당한다.

그리하여 이제는 호주에 수수두꺼비가 수백만 마리로 불어나 호주 사람들의 골치를 썩이고 있다. 수수두꺼비는 많게는 무려 3만 5,000개까지 한 번에 알을 낳는다. 그러는 동안 수수두꺼비는 호주에서 만인의 공적으로 부상했고, 영화나 책에서도 가장 손쉬운 비방의 대상이 된다. 호주 정부는 수수두꺼비 박멸책을 내놓는 사람에게 상금까지 걸고 나섰고, 두꺼비 퇴치날인 'Toad day out'까지 제정했다.

이런 문제를 일으키는 게 수수두꺼비만은 아닐 터, 비슷한 방식으로 외부에서 유입돼 새로운 서식지를 점유한 생물을 우리는 침입종이라고 부른다. 호주에서 말썽을 일으키고 있는 또 다른 침입종은 바로 야생낙타이다. 그리하여 학자들까지 나서 낙타 고기를 더 많이 먹도록 장려하는 상황이다.

반면 수수두꺼비의 경우 미식가적인 해결책도 도움이 되지 않는다. 두꺼비 고기를 먹으면 우리 몸이 완전히 업무 불능 상태가 될 것이기 때문이다. 독성 있는 동물은 먹어서 없애버릴 수도 없다. 지금으로서는 호주 자연 생태계가 지닌 천연의 수수두꺼비 덫에 희망을 걸 뿐이다. 천연 덫이란 바로 토착 육식개미들이다. 이들 개미들은 수수두꺼비 독에 면역이 있는 듯하다. 호주의 토착 개구리는 이들 개미들과 별 문제 없이 살아간다. 상황에 적응해 알아서 개미들을 피해 다닌다. 육식개미들이 주행성인 반면, 토착 개구리는 야행성이다. 다른 토착 동물들도 이들 개미가 접근하면 삼십육계 줄행랑을 쳐버린다. 반면 수수두꺼비들은 그렇게 하지 않는다. 왜 도망을 치겠는가? 그들의 고향에는 그런 작자들이 없었는데 말이다. 그래서 수수두꺼비들은 육식개미가 다가와도 도망가지 않고, 가만히 있는다. 수수두꺼비가 살던 원래의 고향에서는 이 방법이 통했다. 다가오던 공격자들이 먼저 수수두꺼비가 굉장히 맛없는, 즉 독성 있는 먹이라는 걸 알고는 피해 달아나기 때문이다(도망가지 않는 것은 먹이가 아니다. 이것은 매우 오래된 자연의 원칙 중 하나다). 그러나 호주의 육식개미들에겐 이 방법이 통하지 않는다. 수수두꺼비는 그 사실을 깨닫기 전에 갈가리 찢길 수밖에 없다. 연구자들은 이를 '진화의 함정'이라 부른다. 그렇게 온 호주 대륙이 이 작은 개미들에게 희망을 걸고 있다. 호주의 생태계가 이 개미로 말미암아 정리될 수 있기를…. 이 개미는 독두꺼비들의 아킬레스건이 될지도 모른다. 다만 속단할 수는 없다. 그곳 주민들은 독두꺼비로 말미암은 실패를 통해 최소한 속단할 수 없다는 걸 배웠다.

그리고 우리는 파블로 에스코바르의 하마와 괴링의 라쿤, 호주의 독두꺼비로부터 다음과 같은 사실을 배웠다. 우리가 사는 세계에서는 무엇보다 적응이 중요하다는 것! 환경에 적응하는 자는 살아남아 번성한다. 호주의 아웃백에서든 헤센의 숲에서든 콜롬비아의 강에서든 혹은 사무실에서든 마찬가지다. 적응할 수 있는 자는 유리하다.

현대인에게 적응은 필수다. 세계는 점점 빠르게 변해가기 때문이다. 인간의 도시를 생각해보자. 교통 소음, 에어컨 시설, 잔디깎는 기계, 낙엽을 치우는 송풍기. 곳곳이 소음투성이다. 소음은 점점 많아지고 커진다. 이런 곳에서 암컷을 유혹하거나 경쟁자를 물리치거나 적에게 경고를 하면 상대가 들을 수나 있을까?

참새도 새로운 노래가 필요해

극동애메뚜기는 꽤 멋진 전략을 개발했다. 이 메뚜기는 주변에 점점 인간이 많아지고, 그로 인해 교통 소음이 증가하자 높은 소리로 지저귀기 시작했다. 비교적 낮은 주파수의 교통 소음 속에서 자신들의 지저귐이 잘 들릴 수 있도록. 흰줄무늬참새도 만만치 않다. 이 참새는 오래 전부터 캘리포니아의 샌프란시스코 같은 도시에 둥지를 틀고 살아왔다. 한데 대도시의 소음이 1960년대 이래 기하급수적으로 증가해 참새들의 노래가 교통 소음에 묻혀버릴 위기에 처했다. 그러자 참새들은 상황에 맞추어 자신들의 노래 주파수를 올리는 데 성공했다. 21세기 수컷들의 노래와 비교적 교통 소음이 심하지 않았던 1969년의 노래 녹음을 비교해보면, 그 차이가 확연히 느껴질 정도다. 새로운 노래가 그들 생존에 유용한 것이다. 추억의 가요를 위한 자리는 그들 세계에 없다.

동물이 인간을 따라 도시로 온 것인지 아니면 인간 문명이 동물

의 서식지를 침범한 것인지는 명백하게 말하기 어렵다. 분명한 사실은 동물이 인간의 문명으로 말미암은 변화에 탁월하게 적응해왔다는 점이다.

인간은 본의 아니게 먹이 기증자가 되어 동물을 점점 더 도시로 끌어들이고 있다. 쓰레기 더미, 먹고 남은 음식, 안마당에 가꾸는 작물. 이 모든 게 네 발 짐승이자 대식가들에겐 파라다이스가 아닐 수 없다. 곰들이 알래스카의 대학교에 들어가 학생들의 점심 도시락을 훔치거나 콜로라도 스프링스에 있는 레스토랑의 쓰레기 더미를 약탈하는 것도 놀랄 일이 아니다. 쓰레기 더미는 온갖 음식이 있는 무료 뷔페쯤으로 여겨지는 것이다. 쓰레기 더미를 파헤치기만 하면 풍성한 식탁이 차려지는 셈이니 얼마나 좋은가. 털가죽이 있는 동물들의 패스트푸드 레스토랑이랄까(인간의 패스트푸드 레스토랑과는 달리 음식도 진짜로 빨리 나온다).

먹이가 많으면 사냥꾼도 적어지는 법이다. 따라서 왜 도시로 옮겨오지 않는단 말인가? 자, 진정한 뉴요커인 다람쥐를 예로 들어보자. 연구자들은 다람쥐들이 뉴욕의 삶에 얼마나 잘 적응했는지를 보여준다. 공원에 사는 다람쥐들은 주변 행인들이 정해진 보도를 걸어다니는 한, 서둘러 지나치는 그들에게 눈길도 주지 않는다. 누군가 보도를 떠나 나무 가까이 와서 자신들을 직접 쳐다보는 상황이 되어야만 쏜살같이 줄행랑을 친다. 다람쥐들은 도시에서 도망쳐야 할 때와 신경 쓰지 않고 자기 볼 일을 보아도 되는 때

도시의 동물들은 인간 문명의 변화에 탁월하게 적응해 왔다.
공원에 사는 다람쥐들은 주변 행인들의
일상적인 움직임에 놀라지 않는다.
잽싸게 도망쳐야 할 때와
무시해도 될 때를 분별하는 감각을 이미 익힌 것이다.

를 분별하는 법을 배웠다. 이런 학습은 불필요한 도망으로 말미암아 공연히 스트레스를 받지 않도록 해준다. 완벽한 뉴요커다.

하지만 뉴욕까지 갈 필요도 없다. 세계 여러 곳의 도시들이 멧돼지로 인해 골머리를 앓는다. 유럽 대도시에 출몰하는 멧돼지들은 그곳의 환경에 굉장히 잘 적응한 듯하다. 연구자들에 따르면 "도시의 멧돼지들이 사람들과의 만남에 매우 단련되어 있다"고 하는데, 이 단어는 어쩐지 평화로운 공존과는 사뭇 다른 분위기를 풍긴다.

갈등은 얼마든지 불거질 수 있다. 멧돼지가 공원을 엉망으로 만들고, 잔디밭과 축구장도 망쳐놓는다. 교통사고도 일으키고, 사람과 애완동물도 공격한다. 그래서 환경보호 운동가와 공원 이용객들 사이에서 멧돼지들에게 먹이를 주어야 할지, 그냥 죽여 없애버리는 게 나은지 공방이 벌어지기도 했다. 바위담비 역시 운전자들에게는 공포의 대상이다. 때로 담비가 자동차 속으로 들어가 케이블과 고무관을 다 물어뜯기 때문이다. 담비가 왜 이런 행동을 하는지는 알 수 없지만 이 때문에 아침에 차 시동을 걸다가 골탕 먹는 운전자가 간혹 발생한다. 시동은 걸리지 않고, 대신 담비가 엔진룸에서 튀어나오는 일이 생긴다. 헤센에서는 나치 라쿤이 말썽을 일으키고, 또 다른 도시에서는 쥐들이 박테리아와 바이러스와 기생충을 퍼뜨린다. 비둘기들도 도시에 피해를 준다.

피닉스의 방울뱀, 마이애미의 야생 닭과 뱀들, 인디애나폴리스의 찌르레기, 시카고와 로스앤젤레스의 코요테, 케이프타운과 델리의 원숭이와 마카크 원숭이, 뭄바이의 표범, 로스앤젤레스의 퓨마, 베이커스필드의 여우…. 도시를 거처로 삼은 동물 리스트는 얼마든지 이어질 수 있다. 모든 관계와 마찬가지로 함께 살면 갈등이 생길 수밖에 없다. 하지만 어느 관계든 그늘진 면과 아름다운 면이 공존한다. 동물과의 동거도 마찬가지다. 마크 롤랜즈는 이를 너무나 잘 알고 있다.

늑대와의 특이한 동거

롤랜즈는 철학과 교수다. 웨일즈 출신으로, 1990년대에 앨라배마 대학교에서 조교수로 일했다. 그리고 이때 늑대를 한 마리 샀다. 엄밀히 말하면 순종 늑대는 아니었다. 아무튼 늑대 상인은 돈 주고 구입할 수 있는 늑대 중 순종은 없다고 말했다. 롤랜즈는 늑대에게 매료되어 녀석을 데려온 뒤 브레닌이라 이름을 붙였다.

브레닌은 무럭무럭 자랐다. 그리고 늑대바보 주인 말에 따르면 자라면서 '몇몇 특이행동'을 선보였다(특이행동이라 함은 눈에 띄는 행동을 좀 더 근사하게 표현한 말이다). 몇 분 간 혼자 내버려두면 브레닌은 이빨로 물어올 수 있는 모든 것을 망가뜨렸는데, 90센티 정도 되는 물건 중 천정에 고정시켜 놓지 않은 모든 물건이 그 대상이 되었다. 롤랜즈는 브레닌이 심심한 건지, 폐소공포증이 있는 건지, 분리불안이 있는 건지, 이 모든 요인이 합쳐진 건 모르겠다고 말했다. 아무튼 중요한 것은 그 결과였다. 롤랜즈는 어디든 늑

대를 동반하고 다니게 된 것이다.

롤랜즈가 강의를 할 때면 브레닌은 강의실에 자리를 잡고는 (대부분의 대학생과 다르지 않게) 잠을 자다가 이따금 깨어나 울부짖었다. 롤랜즈는 학생들에게 이렇게 당부했다. "늑대에게 관심을 보이지 말고 그냥 못 본 척 해주세요. 그러면 늑대는 그대들에게 아무것도 하지 않아요. 하지만 혹시 가방에 먹을 거라도 있으면, 반드시 밀봉해놓으세요." 어쨌든 대학 수업을 들은 늑대는 브레닌 밖에 없을 터였다. 브레닌은 롤랜즈의 말마따나 이리저리 배회하는 쉼 없는 철학자였고, 롤랜즈의 완벽한 파트너였다. 브레닌이 곁에 머문 뒤로 롤랜즈는 그 어떤 여자에게도 치근덕댈 필요가 없었으니, 이 얼마나 좋은 부수효과란 말인가.

동물과 삶을 함께 나누었던 사람들의 이야기는 숱하다. 잡종 사냥개인 보비는 1923년 가족들과 함께 인디애나에 다니러 갔다. 그런데 그곳에서 몇몇 불테리어들과 싸움에 휘말렸고, 대치 국면이 길어지는 바람에 가족들에게 돌아가지 못했다. 가족들은 다음 날 슬퍼하며 오리건 주 실버튼의 집으로 돌아왔다. 그들은 보비를 영영 잃었다고 생각했다. 하지만 보비는 4,000킬로미터 넘는 거리를 7개월 동안 횡단해서 가족에게 돌아왔다. 이 사건에 놀란 가족과 주변 사람들은 보비를 '기적의 강아지'라 불렀다.

윌리 역시 인간과 삶을 나누었다. 윌리는 치와와다. 마분지 상자 안에서 발견되었을 당시 윌리는 몹시 학대당한 후 등뼈가 부러져 하반신이 마비된 상태였다. 애완동물 가게 주인인 데보라 터너는 불쌍한 윌리를 데려와 그에게 작은 휠체어를 만들어주어, 그것을 타고 다닐 수 있도록 했다. 데보라는 《윌리는 어떻게 해서 휠체어를 타고 다니게 되었을까》라는 제목으로 윌리와의 우정을 담은 이야기를 책으로 냈다. 이후 데보라와 윌리는 환자들을 위로하러 병원을 찾아다녔다. 윌리의 순수한 모습과 책에 담긴 내용은 많은 장애인에게 위로와 희망을 주었다.

역시나 휠체어 생활을 하는 앨런 파튼은 엔달이 자신의 생명을 구했다고 말한다. 엔달은 파튼을 위해 세탁기에서 빨래를 꺼내고, 쇼핑을 가고, 현금자동지급기도 사용할 줄 알았다. 전화는 물론이고, 식사를 할 때는 칼과 포크와 접시까지 대령했다. 앨런 파튼이 교통사고를 당해 휠체어에서 나가떨어졌을 때는, 그를 안전한 위치로 옮기고 담요를 덮어주고 호텔로 뛰어가 짖어서 도움이 필요하다는 걸 알렸다. 앨런 파튼이 엔달을 처음 만난 건 우연히 아내 직장에 갔을 때였다. 그 직장은 강아지를 훈련시키는 곳이었는데, 그를 처음 본 엔달이 앞발로 무릎을 긁으며 핥아주더라는 것이다. 과거 자살까지 생각할 정도로 우울증에 시달리던 앨런 파튼의 삶이 180도 달라지는 순간이었다. 그렇게 해서 강아지 엔달은 자동차 사고로 휠체어 신세를 지게 된 이후 파탄으로 치닫기만 하던 앨런 파튼의 결혼생활과 생명을 구했다.

세상에서 가장
충성스러운 강아지

가장 슬픈 이야기는 하치 이야기일 것이다. 훗날 하치코라 불리게 된 강아지 하치는 1923년 11월, 일본 북부의 한 농가에서 태어났다. 옛 일본의 국견인 순종 아키타 견으로, 생후 2개월 지났을 때 도쿄대학 농학부 교수인 우에노 히데자부로의 집에 입양되어 무럭무럭 자랐다. 60센티 정도 몸집에 체중은 40킬로그램이 넘었고, 크림색 털이 촘촘했으며, 동그랗게 말린 꼬리에 귀는 쫑긋 서있었다. 하치는 매일 아침 주인이 출근할 때마다 역까지 배웅했고, 저녁이 되면 다시 역으로 마중을 나갔다. 1925년 5월 21일까지 매일.

하지만 1925년 5월 21일, 우에노 히데자부로는 집으로 돌아오지 못했다. 강의 중에 숨겨버린 것이다. 이 사실을 알 리 없는 하치는 마냥 주인을 기다렸다. 다음날도, 그 다음날도, 또 그 다음날도. 매일매일 하치는 오후 5시가 되면 역에 나와 주인을 기다렸다. 주인집 정원을 돌보던 사람에게 맡겨졌으나 그 이후에도 매일

저녁, 같은 시간에 역으로 나갔다.

처음에 사람들은 이 주인 없는 강아지를 막 대했다. 구박하고 발로 차기도 했다. 하지만 하치는 개의치 않았다. 그러던 중 하치의 사연이 알려지면서 이 개는 일약 스타가 되었다. 사람들은 충견 하치를 보러 역에 와서 그를 쓰다듬고, 먹을 것을 주었다. 철도청 직원들은 하치를 위해 침대를 마련해주었고, 사람들은 강아지의 이름에 코(=공公)라는 존칭을 붙여 하치코로 부르기 시작했다. 늘 그렇듯이 사업 마인드가 뛰어난 사람들이 하치코 초콜릿, 하치코 케이크, 하치코 인형을 만들어 팔았다. 하치코에 대한 노래와 시도 탄생했다. 1934년에는 하치코가 주인을 기다리던 시부야 역에 하치코 동상이 제막되었다. 많은 사람들이 기금을 모아 만든, 세상에서 가장 충성스런 개를 기념하는 동상이었다.

물론 동상의 주인공이 된 동물이 하치코만은 아니다. 썰매견 발토는 1925년 눈보라를 뚫고 1,000킬로미터 이상 떨어진 알래스카 노메까지 약품을 실어날랐고, 사람들은 이를 기려 뉴욕 센트럴 파크에 발토 동상을 세웠다. 모스크바를 누비던 거리의 개로, 스푸트니크 2호에 태워져 우주로 발사되었던 유기견 라이카의 조각상은 모스크바의 로켓 조각상 받침대 위에 서있다. 라이카는 최초로 지구 궤도를 돈 생명체이다. 퍼그 견 중에도 기념비를 선사받은 강아지가 있다. 카를 알렉산더 공은 1717년 벨그라드 전투에서 왕국 군대를 이끌고 오스만 군대와 싸우던 중 퍼그를 잃어버렸다. 그런데 퍼그가 혼자 비넨덴의 성으로 돌아오자 주인이 이를 가상히 여겨 비넨덴에 기념비를 세워주었다.

세계적으로 유명한 경주마인 존 헨리와 퀸즐랜드의 경찰견 및 경찰마의 기념상도 있다. 노르웨이 왕립근위대의 마스코트인 닐스 올라프에게는 기사 작위가 수여되었다. 언론에 따르면 올라프 경은 수여식을 위엄 있게 마쳤다고 한다. 수여식 마지막 즈음 하얀 똥을 싼 것이, 닐스 올라프 경이 약간 긴장했음을 보여주는 징표였을 따름이다.

곤충의 업적도 기려졌다. 퀸즐랜드에서는 넓은 농장에 걸쳐 선인장의 병충해를 해결해준 선인장나방들에게 농부들이 기념비를 하사했다. 1919년 앨라배마의 엔터프라이즈에서는 목화 수확을 완전히 망쳐놓음으로써 중요한 교훈을 준 분홍솜벌레에 대한 기념비가 제막되었다. 그 교훈은 바로 단일경작은 절대로 안 된다는 것! 농부들은 땅콩과 다른 곡물 등으로 재배를 다양화했고, 이후 그들의 수입은 더 풍성해졌다.

우리는 그들과 함께 산다. 그리고 그들을 사랑한다. 조각상으로, 문학으로, 영화로 그들을 기리기도 한다. 동시에 우리는 그들의 생활기반을 무너뜨리고, 그들을 몰아내고, 그들을 죽이고, 학대한다. 그리고 그들을 가두어놓는다. 결론을 내릴 시점이다.

인간이 된 동물,
그리고 다시 법정에 선 그들

28년, 336개월, 10,220일, 245,280시간. 산드라는 245,280시간, 정확히 10,220일을 창살 안에 갇혀 지냈다. 336개월의 구금, 28년의 부자유. 거의 일생 동안 말이다. 하지만 쥐구멍에도 볕들 날이 있다고 산드라는 마침내 자유를 얻었다. 아르헨티나 동물 권익을 위한 변호사협회와 부에노스아이레스 법정은 산드라를 대신해 인신보호 영장을 청구했고, 부에노스아이레스 법정은 동물보호 운동가들의 손을 들어주었다. 법정은 산드라를 가두어놓은 행위가 불법이며, 산드라가 비록 인간은 아니지만 '비인간 인격체'로서 그의 주권을 인정해주어야 한다고 판결했다. 산드라가 생물학적으로는 인간이 아니지만, 감정적으로 인간과 매우 비슷하다는 것이 산드라를 위해 소송을 낸 동물보호 운동가들의 논지였다. 그들은

산드라가 야생동물 보호구역에서 자유롭게 살면 더 행복할 것이라고 목소리를 높였다. 그리하여 부에노스아이레스 동물원의 암컷 오랑우탄 산드라는 자유의 몸이 되었다.

산드라는 침팬지 토미보다 운이 좋았다. 미국의 동물보호 단체인 '비非인간 권리 프로젝트' 역시 토미의 신체적 자유를 위해 인신보호 영장을 청구했지만, 법원이 이를 기각했던 것이다. 동물보호 운동가들이 토미가 얼마나 열악한 환경에서 살고 있는지를 지적했지만, 토미의 주인은 토미가 케이블 텔레비전도 볼 수 있고 음악도 들을 수 있다면서 강력히 반박했다. 토미가 애니메이션 영화를 좋아한다고도 했다. 그런데 애니메이션 영화를 좋아하는 것과 동물의 주권 사이에는 어떤 인과관계가 있는 걸까?

동물에게 권리가 있음을 증명함으로써 갇힌 상태에서 그들을 풀어주려는 법적 시도는, 토미에게서는 좌절되었다. 동물 활동가들은 토미를 위해 계속 투쟁하고 있다. 침팬지가 권리의 주체일까? 아니면 최소한 유사한 특징이라도 지닌 걸까? 이런 논의가 이상하다고 생각하는가? 산드라와 토미, 그리고 그들을 권리의 주체로 볼 것인지 여부에 대한 소송이 전례가 없는 일은 아니었다. 어쩌면 제임스의 재판이 널리 알려진 첫 소송 사례일지도 모른다. 주인에게서 도망을 치던 제임스가 도중에 붙잡혔고, 주인은 당연히 자기 소유인 제임스를 집으로 데려가려 했다.

이에 제임스를 불쌍히 여긴 사람들이 그에게 자유를 달라는 소송을 내고 도움을 줄 변호사를 구했다. 이 소송을 맡은 판사는 만스펠트 경이었다. 그는 제임스의 주권과 주인의 소유권을 면밀히 검토한 뒤 논리적인 변론을 펴서 제임스에게 자유를 선사했다. 그해가 1772년이었다. 제임스의 풀네임은 제임스 스튜어트, 흑인 노예인간이었다.

동물은 스스로를 의식할 수 있을까?

동물에게도 인격과 유사한 것이 있을까? 성격도 있을까? 영혼은? 그렇다면 성격이란 대체 무엇일까? 영혼이란? 20세기 초 미국 의사 던컨 맥더걸은 영혼의 무게를 잴 수 있을 거라고 믿었다. 이 믿음을 증명하기 위해 그는 임종자의 전후 몸무게를 재었다. 그리고 한 환자에게서 죽기 전후의 몸무게가 21그램 차이를 보인다는 사실을 확인했다. 오, 그럼 이 21그램이 죽는 순간 육체를 떠나버린 영혼의 무게란 말인가? 하지만 맥더걸이 몸무게를 잰 다른 수백 명은 차이를 보이지 않았다. 나중에 맥더걸은 심지어 영혼을 사진 찍어보려고까지 했다. 하지만 그 역시 소용이 없었다. 그런 식으로는 영혼의 실체에 접근할 수가 없었다. 대체 영혼이란 무엇일까?

이런 질문이 추상적이라면, 조금 더 구체적으로 접근해보자. 영혼, 인격, 성격, 개성. 이런 것들은 자기 자신을 돌아볼 수 있는 능력을 전제로 한 개념이다. 스스로를 개인으로 인식하고, 세계의 나머지 부분과 구분지을 수 있어야 개성이 나온다. 그렇다면 동물들은 자기 자신을 의식할 수 있을까? 동물이 자기 자신을 의식한다는 것을 어떻게 확인할까? 그들에게 거울을 들이대면 될까?

거울 속에 비치는 모습이 자기 자신이라는 것을 알지 못하면, 그 모습을 공격자나 경쟁자로 여기고 놀라 자기 구역을 방어하려 들 것이다. 하지만 자아 개념이 있고 거울 개념을 안다면, 거울 속 모습이 자기 자신이라는 사실을 깨달을 것이다.

학자들은 이를 확인하기 위해 동물의 이마에 이상한 표시를 해놓고, 해당 동물이 거울에 비친 모습으로 이를 알아챌 수 있는지 살펴보기로 했다. 거울을 들이대었을 때 방어적이거나 공격적인 태도를 보이면 그 동물은 거울 속 자신을 알아보지 못하는 것이다. 나아가 자기 자신과 주변 환경을 구분하지 못하는 셈이다. 반면 동물이 거울을 통해 스스로를 관찰하면서 이마에 그려진 게 무엇인지 탐색한다면, 그는 거울 속의 모습이 자기 자신임을 알며 자아 개념을 이해한다는 의미가 된다.

자, 어떤 결과가 나왔을까? 인간 외에 몇몇 침팬지, 오랑우탄, 돌고래가 거울 시험에 합격했다. 코끼리도 거울 속 자신의 모습을 관찰하는 게 분명했다. 하지만 이런 단순한 거울 테스트는 신빙성이 의문시되고 있다. 연구팀이 그들의 신경작용을 연구하기 위해 레서스원숭이의 머릿속에 전극을 이식했더니, 이들 원숭이가 거울을 통해 자신의 두뇌와 전극을 유심히 살펴보는 게 확인된 것이다. 거울 테스트에서 레서스원숭이들은 합격하지 못했는데도 말이다. 학자들은 그들에게 자아 개념이 있는 게 틀림없다고 말한다. 다만 이 원숭이들은 자기 이마에 그려진 이상한 표시에 관심이 없었을 뿐. 모든 원숭이가 다 자기 모습에 신경을 쓰는 것은 아닐 테니 말이다.

좋다. 자기 인식이 있는 것. 그게 전부일까? 그게 곧 자아 개념과 직결되는 유일한 지표일까? 개성, 기질, 결점, 변덕…. 인간을 이루는 다른 것들은? 공격성, 수동성, 기쁨, 슬픔, 염세주의, 낙천주의는? 그런 특질들을 어떻게 관찰하고 정의하고 규정하고 측정할 수 있을까?

용감하고, 수줍고, 거칠고, 부드럽고…

동료 인간을 묘사할 때는 어렵지 않다. 어떤 사람은 불같이 화를 내는 데다 게으르고 잘난 체 한다. 어떤 사람은 즐겁고 낙천적이며 사교적이다. 성격을 파악하고 분류하기 위해 개발된 성격 모델도 있는데, 그 중 대표적인 것이 소위 '빅 파이브'라고 하는 것이다. 빅 파이브는 인간의 성격을 구성하는 기본적인 요인 다섯 가지로 외향성, 개방성, 우호성(친화성), 성실성, 신경증 성향을 말한다. 이들 잣대로 한 인간의 성격을 묘사할 수 있다.

외향성이 높은 사람은 사교적이고 활동적이며 열정적이고 관철 능력이 있다. 우호성이 높은 사람은 타인을 잘 믿고 친화력과 협동심이 있으며 겸손하고 양보심을 발휘한다. 성실한 사람은 믿음직스럽고, 자제심 의무감 책임감이 강하며, 열심히 노력해서 능력을 발휘한다. 신경증 성향은 정서적 안정 혹은 불안정에 관한 것으로, 쉽게 불안하고 초조하고 슬프고 충동적인 사람을 신경증 성향이 높다고 말할 수 있다. 경험에 대한 개방성은 상상력이 풍부하고 새로운 아이디어와 변화에 열려있으며 호기심이 많은 성향을 말한다.

그렇다면 이런 인격적 특성을 동물에게도 적용할 수 있을까? 정확하다고 말하기는 힘들지만, 가능하다. 물론 사람에게 적용하는 것과는 다소 다르다. 사람의 경우 실험 대상자의 성격이나 인성을 파악하는 방법은 세 가지가 있다. 자기 평가, 연구자를 통한 평가, 그리고 지인을 통한 평가. 그러나 동물의 경우 이들 방법 중 두 가지, 즉 자기 평가와 지인의 평가를 배제해야 한다. 그리고 나면 돌보는 사람이나 연구자가 동물의 성격을 평가하는 것만 남는다. 아주 터무니없지는 않다. 외향적인 인간이 모임에 가는 걸 좋아하고, 내향적인 문어는 동굴에 혼자 머물며 먹이를 먹고 물을 까만색으로 물들일 테니(먹물을 쏘아댈 테니) 말이다. 또 어떤 침팬지가 모험을 좋아하는지 방콕 스타일인지, 어떤 쥐가 노는 걸 좋아하고 싫어하는지 금방 구별할 수 있다.

나아가 동물의 성격까지 실험을 통해 최소한 대략적으로 확인할 수도 있다. 강아지를 데리고 실험을 해보자. 우선 그들에게 서로 다른 두 가지 소리를 구분하도록 가르친다. 어떤 음이 들리면 더 맛있는 우유(락토프리 우유)가 주어지고, 다른 음이 들리면 물만 주어진다. 자 강아지가 이를 터득했다면, 이제 그들에게 깔끔하게 우유가 나오는 소리도 아니고 물이 주어지는 소리도 아닌 애매모호한 소리를 들려줘 보자. 이후 행동을 관찰하면, 강아지가 이런 애매한 소리 뒤에 우유가 나오기를 기대하는지 아니면 물이 나오기를 기대하는지 확인할 수 있다. 낙관적인 강아지는 우유를 기대할 것이고, 비관적인 강아지는 맹물이 나올 것이라 예상할 테니 말이다. 테스트 결과 강아지들은 대부분 낙관론자라는 것이 확인되었다.

자, 이런 방법을 통해 우리가 동물의 성격을 파악할 수 있다고 하자. 그 결과는 무엇일까? 다양한 연구를 통합한 소위 메타연구에 따르면 침팬지, 문어, 쥐, 심지어 구피까지도 빅 파이브에 따른, 적잖이 다양한 성격구조를 보여준다. 애완동물 주인은 이런 결과에 새삼 놀라지 않을 것이다.

따라서 동물들도 성격 비슷한 것을 가지고 있다는 얘기인가. 성격적 특성이나 개성을? 하지만 어째서 같은 종족인데 누구는 수

줍고, 누구는 용감하고, 누구는 거칠고, 누구는 부드러울까? 왜 낙천적인 강아지들과 염세적인 문어들이 있는 것일까? 게다가 송어의 성격은 가지각색이라고 하니 그 이유가 정말로 궁금하다.

질문 앞에 서서

송어들은 성격이 다양한 게 왜 좋은지 대답하는 데 도움을 줄 수 있을 듯하다. 우선 학자들은 (실험 수조에서) 송어들이 얼마나 용감하고, 얼마나 공격적인지, 그리고 환경조건이 변하면 사냥 전략을 얼마나 재빠르게 변화시키는지를 연구했다. 그들 역시 빅 파이브로 분류할 수 있는 성격구조를 지니고 있어서, 송어마다 변화된 환경에 반응하고 공격성을 보이는 정도가 서로 달랐다. 저마다 개성이 뚜렷하다고 말할 수 있을 정도였다. 그게 전부가 아니었다. 신기하게도 야생에서 서식한다는 전제 하에, 수줍고 내성적인 송어들은 저돌적이고 추진력 있는 송어들보다 몸집이 더 빨리 자라는 것이었다.

여기에 개성의 존재에 대한 열쇠가 놓여있는지도 모른다. 서로 다른 성격은 서로 다른 행동을 의미하며, 서로 다른 행동은 서로 다른 생존전략을 구사한다는 의미다. 게으른 자는 에너지를 아끼고, 용기 있는 자는 새로운 서식공간을 개척하며, 몸을 사리는 자는 오래 산다.

전략마다 진화적 장단점이 있으며, 서로 다른 방법으로 비슷한 결과에 도달하는 것이다. 그러므로 개성은 같은 종의 모두가 나그네 쥐처럼 떼지어 같은 방향으로 이동하다가 낭패를 보는 대신, 다양한 방식을 실행하게 만들려는 자연의 트릭인지도 모른다. 겁쟁이들만 사는 사회를 상상해보라. 그러면 아메리카 대륙은 여전히 유럽인에게 발견되지 않은 채 인디언이 주인인 땅으로 남았을지 모른다(그것이 축복인지 아닌지는 차치하고 말이다).

이런 맥락에서 보면 동물이 개성을 지녔다는 견해는 그리 엉뚱한 발상으로 들리지 않는다. 아니면 우리가 다시금 투사의 함정에 빠진 것일까? 박쥐가 돼보지 않은 우리는 박쥐로 사는 게 어떤지 알지 못한다. 인간에게 개성이 있기에 동물들도 개성이 있기를 원하는지도 모른다. 아니면 이런 생각이야말로 다시금 인간의 교만에서 비롯된 주제넘은 생각일까?

따라서 동물에게 인격과 유사한 것이 존재할까? 그로써 그들의 권리도 인정해주어야 할까? 심지어 주권을 부여해야 할까? 이러한 질문에 우리는 학문적·객관적·중립적으로 대답할 수는 없다. 다만 법정이 인권을 인정한 흑인 노예 제임스 스튜어트의 이야기는 다른 인간, 다른 생명체에 대한 우리의 시각과 생각, 판단이 세월이 흐르면서 변한다는 사실을 보여준다. 18세기에는 인간이 다른 인간의 소유물일 수 있는가에 대한 법정 공방이 벌어졌다. 오늘날 우리에겐 정말 말도 안 되는 질문이지만 말이다. 20세기 초만 해도 사람들은 동물을 아무렇지도 않게 전류가 흐르는 의자에 앉혀 처형했다. 21세기가 된 지금 우리는 그러한 행위를 매우 야만적인 짓이라고 규탄한다. 그리고 지금 우리는 동물을 가두어놓아도 되는지, 동물 쇼에 출연시키고 경주를 시키고 싸움을 시키고 시합을 시켜도 되는지를 놓고 왈가왈부하고 있다. 우리의 자손들이 이에 대해 어떻게 생각할지 예단할 수는 없지만, 어쩌면 그들은 훗날 오늘의 우리 논쟁을 말할 가치조차 없는 얘기로 치부할 수도 있다.

동물이 우리 인간에 대해 어떻게 생각할지는 더욱 예상이 불가능하다. 게다가 우리는 그들이 생각을 할 수 있는지조차 확실히 알지 못한다. 동물들은 우리를 어떤 죄목으로 법정에 앉힐 수 있을까? 대량학살, 대량멸종, 환경파괴, 대량사육, 희귀동물과 모피와 상아 거래, 재미로 동물 괴롭히기? 당신은 이러한 죄목의 피고석에 앉고 싶은가. 최후의 심판 같은 것이 있다면, 동물이 배심원단에 앉아있지 않기를 바라야 할 것이다.

동물에게 영혼이 있을까? 지능이 있을까? 그들이 생각하고, 느낄 수 있을까? 감정이 있을까? 이 책에서 살펴 본 바와 같이 우리가 굉장히 인간적인 특성이라고 여기는 많은 점들은 인간 족속만이 가진 특권이 아니다. 그런 특성들은 자연의 명령과 진화의 부름에서 연유하는 것들이다. 그러므로 어찌 그것들이 인간만의 특권이겠는가? 인간과 동물은 같은 유전자, 같은 환경, 같은 행성을 공유하고 있다. 그러므로 그들에게 서로 다른 법칙이 적용된다는 것은 상상하기 힘들다.

우리는 이와 관련한 많은 예를 살펴보았고 이 리스트는 앞으로 얼마든지 길어질 수 있다. 인간이 알고, 하고, 찾고, 피하고, 원하는 것. 그 모든 것들을 우리는 동물에게서도 발견한다.

하지만 이것이 우리의 질문에 대한 대답이 되지는 않는다. 무엇보다 우리가 함께 행성을 공유하는 이 존재들을 어떻게 대해야 하는지에 대한 질문에는 말이다. 이 대답은 우리 각자, 스스로 해야 한다. 이것은 학문의 문제라기보다 개인적인 윤리와 공감의 문제이므로.

이제 우리는 그 질문 앞에 서야 한다. 바라건대 우리들 각자 적절한 대답을 찾아내기를….

참고문헌

들어가며: 동물 재판을 한다고?

사형판결을 받은 강아지, 타로:

Gray, Jerry (1994), Dog's Death Sentence is Reduced to Exile, New York Times Online, URL www.nytimes.com/1994/01/29/nyregion/dog-s-death-sentence-is-reduced-to-exile.html

New Jersey Death Penalty Study Commission Report, January 2007, URL www.njleg.state.nj.us/committees/dpsc_final.pdf

Kraijcek, David (2012), Wife killer Ralph Hudson is the last man to beexecuted in New Jersey, New York Daily News, URL www.nydailynews.com/news/justice-story/jersey-devil-ralph-hudson-man-executed-gardenstate-article-1.1226048

동물을 대상으로 한 사형판결과 재판:

Dinzelbacher, Peter (2006), Das fremde Mittelalter: Gottesurteil und Tierprozess, Magnus Verlag.

Bodderas, Elke (2014), Schuldig! – Tiere auf der Anklagebank, Welt Online, URL www.welt.de/vermischtes/kurioses/article125886895/Schuldig-Tiere-auf-der-Anklagebank.html

불쌍한 메리:

Leafe, David (2014), The town that hanged an elephant: A chilling photo and a macabre story of murder and revenge, Daily Mail, URL www.dailymail.co.uk/news/article-2559840/The-town-hangedelephant-A-chilling-photo-macabre-story-murder-revenge.html

···그리고 톱시:

Daly, Michael (2013), Topsy: New book tells how Thomas Edison electrocuted an innocent elephant at Coney Island, New York Daily News, www.nydailynews.com/new-york/topsy-elephant-slain-thomasedison-article-1.1385182

하늘색 나팔벌레

Rapport, David J.; Berger, Jacques; Reid, D.B.W. (1972), Determination of food preference of stentor coeruleus, Biol. Bull., Vol. 142, pp. 103–109.

1장_인간의 가장 좋은 친구들

Adam Walker und die Delphine (inklusive Video): Radulova, Lillian (2014), British man saved from shark by pod of Dolphins who joined him for part of marathon eight hour swim, Daily Mail Online,URL www.dailymail.co.uk/news/article-2611777/Dolphins-scareshark-British-swimmers-8-hour-challenge.html

돌고래 일반:

Connor, Richard C.; Norris, Kenneth S. (1982), Are dolphins reciprocal altruists?, The American Naturalist, Vol. 119, no. 3, pp. 358–374.

쿡 해협:

Ministry for Culture and Heritage (2012), New Zealand History Online, Cook Strait's dangerous waters -roadside stories, URL www.nzhistory.net.nz/media/video/cook-straits-dangerouswaters- roadside-stories

토드 엔드리스:

Mike Celizic (2007), Dolphins save surfer from becoming shark's bait, Today.com, URL www.today.com/id/21689083/ns/today-today_news/t/dolphins-save-surfer-becoming-sharks-bait/#.U5I2qSjDMWp

딕 반 다이크:

Tom Leonard (2010), Dick Van Dyke: Pod of porpoises saved me from death after I fell asleep on my surfboard, Daily Mail Online, URL www.dailymail.co.uk/tvshowbiz/article-1328806/Dick-Van-Dyke-Pod-porpoises-saved-I-fell-asleep-surfboard.html

벨루가 고래, 밀라:

o.V. (2009), Beluga whale ,aves' diver, The Telegraph Online, URL www.telegraph.co.uk/news/newstopics/howaboutthat/5931345/Beluga-whale-saves-diver.html

사자가 생명을 구해준 폴리:

o.V. (2005a), Ethiopian Girl reportedly guarded by Lions, NBCNews.com, URL www.
nbcnews.com/id/8305836/ns/world_news-africa/t/ethiopian-girl-reportedly-
guarded-lions/#.U5L5byjDMWo

o.V. (2005b), Kidnapped girl ,escued' by lions, BBC News, URL http://news.bbc.co.uk/2/hi/
africa/4116778.stm

o.V. (2005c), Lions save girl from kidnappers, The Guardian, URL www.theguardian.com/
world/2005/jun/22/3

영웅적인 행동을 보여준 암컷 고릴라, 빈티:

o.V. (1996), Gorilla at an Illinois Zoo Rescues a 3-Year-Old Boy, New York Times, URL
www.nytimes.com/1996/08/17/us/gorilla-atan-illinois-zoo-rescues-a-3-year-old-
boy.html

Kassin, Saul; Fein, Steven; Hazel Markus (2014), Social Psychology, Wadsworth, Cengage
Learning, 9th Edition, Belmont

히어로 캣, 타라:

o.V. (2014), Der große Auftritt von □ero Cat", Spiegel Online,URL www.spiegel.de/
panorama/katze-hero-cat-tara-wirft-baseball-beispiel-in-usa-a-970623.html

놀라운 개, 칸

o.V. (2007), Family dog saves toddler from deadly snake, Daily Mail, URL www.dailymail.
co.uk/news/article-490953/Family-dog-savestoddler-deadly-snake.html

생명의 은인, 오레오

o.V. (2008), Cat saves 8 people from house fire, United Press International, URL www.
upi.com/Odd_News/2008/01/24/Cat-saves-8-people-from-house-fire/UPI-
69861201187505/

2장_알코올에 취해

술취한 새들:

Zittlau, Jorg (2012), Auch Tiere lieben einen gepflegten Rausch, Welt Online, URL www.
welt.de/wissenschaft/umwelt/article13824940/Auch-Tiere-lieben-einen-gepflegten-
Rausch.html

Reichholf, Josef H. (2014), Ornis: Das Leben der Vogel, C.H. Beck.

o.V. (2006), Mysterioses Vogelsterben in Wien: Seidenschwanze waren besoffen, Der Standard, URL http://derstandard.at/2328630

o.V. (o.D.), Sind Vogel etwa Schluckspechte?, PM Magazin, URL www.pm-magazin.de/r/ gute-frage/sind-v%C3%B6gel-etwa-schluckspechte

세계보건기구의 보고:

o.V. (2014), WHO-Bericht zum Alkoholkonsum: Deutsche greifen besonders oft zur Flasche, Spiegel Online, URL www.spiegel.de/gesundheit/diagnose/who-bericht-alkohol-konsum-fordert-3-3-millionen-todesopfer-pro-jahr-a-968872.html

술 취한 코끼리 이야기:

Bakalar, Nicholas (2005), Elephants Drunk in the Wild? ScientistsPut the Myth to Rest, National Geographic Online, URL http://news. nationalgeographic.com/ news/2005/12/1219_051219_drunk_elephant.html

Morris, Steve; Humphreys, David; Reynolds, Dan (2006), Myth,Marula, and Elephant: An Assessment of Voluntary Ethanol Intoxication of the African Elephant (Loxodonta africana) Following Feeding on the Fruit of the Marula Tree (Sclerocarya birrea), Physiological and Biochemical Zoology, Vo. 79, No. 2 (March April), pp. 363 - 369.

Bhaumik, Subir (2004), Drunken elephants die in accident, BBC News, URL http://news. bbc.co.uk/2/hi/south_asia/3423881.stm

베르트람 야자나무:

Graber, Cynthia (2008), Fact or Fiction? Animals Like to Get Drunk, Scientific American, July 28, 2008, URL www.scientificamerican.com/article/animals-like-to-get-drunk/

술 취한 곰들:

o.V. (2011), Gefahr durch betrunkene Baren in der Slowakei,Frankfurter Rundschau Online, URL www.fr-online.de/newsticker/gefahr-durch-betrunkene-baeren-in-der-slowak ei,11005786,10861168,item,0.html

술이 센 박쥐:

Orbach, Dara N.; Veselka, Nina; Dzal, Yvonne; Lazure, Louis; Fenton, M. Brock (2010), Drinking and Flying: Does Alcohol Consumption Affect the Flight and Echolocation Performance of Phyllostomid Bats?, Plos One, February 2010, Volume 5, Issue 2, e8993.

알코올의 진화적 유익:

Dudley, Robert (2000), Evolutionary Origins of Human Alcoholism in Primate Frugivory, The Quarterly Review of Biology, Vol. 75, No. 1,March, pp. 3-15.

…그리고 그에 대한 비판:

Yoon, Carol Kaesuk (2004), Of Drunken Elephants, Tipsy Fish and Scotch with a Twist, New York Times, URL www.nytimes.com/2004/03/23/health/of-drunken-elephants-tipsy-fish-and-scotchwith-a-twist.html

애주가 쥐들:

Heyman, Gene M. (2000), An Economic Approach to Animal Models of Alcoholism, Alcohol Research & Health, Vol. 24, No. 2, 2000, pp. 132-139.

Sarbaum Jeffrey K.; Polachek, Solomon W.; Spear, Norman E. (1998), The Effects of Price Changes on Alcohol Consumption in Alcohol-Experienced Rats, NBER Working Paper No. 6443.

공짜 술과 원숭이들:

Juarez, Jorge, Guzman-Flores, Carlos, Ervin, Frank R.; Palmour, Roberta M. (1993), Voluntary Alcohol Consumption in Vervet Monkeys: Individual, Sex, and Age Differences, PharmacologyBiochemistry and Behavior, Vol. 46, pp. 985-988.

Ervin, Frank R.; Palmour, Roberta M.; Young, Simon N.; Guzman-Flores, Carlos; Juarez, Jorge (1990), Voluntary Consumption of Beverage Alcohol by Vervet Monkeys: Population Screening, Descriptive Behavior and Biochemical Measures, Pharmacology Biochemistry and Behavior, Vol. 36, pp. 367-373.

인간 알코올 중독자들과 대가 치르기:

Cohen, Miriam; Liebson, Ira A.; Faillace, Louis A.; Allen, Richard P. (1972), Moderate drinking by chronic alcoholics. A schedule-dependentphenomenon, Journal of Nervous & Mental Disease, Vol. 153(6), pp. 434-44.

George Bigelow, Ira Liebson, Roland Griffiths (1974), Alcoholic Drinking: Suppression by a Brief Time-Out Procedure, Rehav. Res. & Therapy, 1974. Vol. I2, pp. 107-115.

3장_노래하고 춤추고

슈퍼스타 고양이, 노라:

Noras homepage: http://norathepianocat.com/Lloyd, Janice (2009), Play it again, Nora:
Piano-pawing cat loves the attention, USA Today, URL http://usatoday30.usatoday.
com/life/lifestyle/2009-08-11-nora-piano-cat_N.htm?csp=34

피아노 치는 강아지, 투커:

Den finden Sie auf Youtube, und zwar hier: www.youtube.com/watch?v=PiblYasnzWE
Tuckers Lebenslauf und Vorlieben: www.youtube.com/watch?v=ba3kCz4jFQs

기타 음악을 즐겨 듣는 강아지:

Golden loves Guitar, www.youtube.com/watch?v=KBluUZ4NnZg

앵무새가 노래하는 마술피리:

Parrot singin opera: www.youtube.com/watch?v=lo6tb6kj8MA

필 스펙터:

Glaister, Dan; McGreal, Chris (2009), Music producer Phil Spectorconvicted of murdering
actor Lana Clarkson, The Guradian, URL www.theguardian.com/world/2009/apr/14/
phil-spectormurder-conviction-appeal?guni=Article:in%20body%20link

브라이언 윌슨:

Freedom du Lac, J. (2007), It Wasn't All Fun, Fun, Fun. The Beach Boy's Hymns to the
Dream State of California Belied The Nightmare He Was Living, The Washington Post,
URL www.washingtonpost.com/wp-dyn/content/article/2007/11/30/AR2007113000557_
pf.html

짐 고든:

Flanary, Patrick (2013), Jailed Drummer Jim Gordon Denied Parole, Rolling Stone Music
Magazine, URL www.rollingstone.com/music/news/jailed-drummer-jim-gordon-
denied-parole-20130517

키스 문:

Scheel, Ingo (2013), Zehn Fakten uber Who-Schlagzeuger Keith Moon, Stern, URL www.

stern.de/kultur/musik/die−welt−in−listen−zehn−faktenueber−who−schlagzeuger−keith−moon−2055824.html

Fletcher, Tony (2014), The Day Steve McQueen Met His New Nazi Neighbour, Keith Moon, Newsweek, URL www.newsweek.com/day−steve−mcqueen−met−his−new−nazi−neighbor−keith−moon−229741

음악성 있는 동물들, 특히 고래와 몇몇 관련 생각들:

Fitch, Tecumseh W. (2009), Biology of Music: Another One Bites the Dust, Current Biology Vol. 19, No 10, pp. R403−404.

Fitch, Tecumseh W. (2006), The biology and evolution of music: A comparative perspective, Cognition, Band 100, 2006, pp. 173−215.

송라이터 새들:

Patricia M. Gray, Bernie Krause, Jelle Atema, Roger Payne, Carol Krumhansl, Luis Baptista (2001), The Music of Nature and the Natureof Music, Science, 5 January 2001, Vol. 291, no. 5501, pp. 52−54.

Marcelo Araya−Salas (2012), Is birdsong music?, Evaluating harmonic intervals in songs of a Neotropical songbird, Animal Behaviour, Vol. 84(2012), pp. 309−313.

인간과 달리 불협화음을 마다하지 않는 원숭이들:

McDermott, Josh; Hauser, Marc D. (2005) Probing the Evolutionary Origins of Music Perception, Ann. N.Y. Acad. Sci. 1060, pp. 6−16.

비둘기, 바흐, 북스테후데, 스트라빈스키, 카터:

Porter, Debra; Neuringer, Allen (1984), Music discriminations by pigeons, Journal of Experimental Psychology: Animal Behavior Processes, Vol 10(2), April 1984, pp. 138−148.

Nicholas Wroe (2008), Elliott Carter: A life in music: Elliott Carter, The Guardian Online, URL www.theguardian.com/music/2008/dec/06/elliott−carter−classical−music

금붕어:

Kazutaka, Shinozuka; Haruka, Ono; Watanabe, Shigeru (2013), Reinforcing and discriminative stimulus properties of music in goldfish, Behavioural Processes, Vol. 99 (October), pp. 26−33.

음악에 대한 진화와 철학 일반:

Yan, Hektor KT (2013), music and meaning, Social Science Information Vol. 52 (2), pp. 272 – 286.

Mcdermott, Josh; Hauser, Marc D (2005), Probing the Evolutionary Origins of Music Perception, Annals of the New York Academy of Science, 1060, pp. 6 – 16.

노래하는 고래:

Payne, Roger S.; McVay, Scott (1971), Songs of Humpback Whales, Science 13, August 1971, Vol. 173 no. 3997, pp. 585 – 597.

Ein paar Horproben gefallig? Die gibt es auf der Homepage der Ocean Alliance: www. whale.org/research/humpback–whale–research/

조화로운 화음을 좋아하는 침팬지들:

Sugimoto, Tasuku (2010), Preference for consonant music over dissonant music by an infant chimpanzee, Primates (2010), Vol. 51, pp. 7 – 12.

조화로운 화음을 좋아하는 닭들:

Chiandetti, Cinzia; Vallortigara, Giorgio (2011), Chicks Like Consonant Music, Psychological Science Vol. 22(10), pp. 1270 – 1273.

불협화음도 싫어하지 않는 타마린 원숭이들:

Mcdermott, Josh; Hauser, Marc D. (2005), Probing the Evolutionary Origins of Music Perception, Annals of the New York Academy of Science 1060, pp. 6 – 16.

춤추는 금조:

Mulder, Raoul A; Hall, Michelle L. (2013), Animal behaviour: a song and dance about lyrebirds, Current Biology, Vol. 23, Issue 12, pp. R518 – 519.

비트를 맞추는 로난:

Cook P.; Rouse A.; Wilson M.; Reichmuth C. (2013), A California sealion (Zalophus californianus) can keep the beat: motor entrainment to rhythmic auditory stimuli in a non vocal mimic, Comp Psychol. 2013 Nov; 127, (4), pp. 412 – 427.

Hier kann man Ronan live bewundern und □Boogie Wonderland" von Earth, Wind and Fire horen: www.youtube.com/watch?v=6yS6qU_w3JQ Earth, Wind, Fire and Water – der Bericht mit dem Interview des Bassisten: www.youtube.com/watch?v=KUfRSm8NTZg

헤드뱅잉에 대해:

Patton, Declan; McIntosh, Andrew (2008), Head and neck injury risks in heavy metal: head
    bangers stuck between rock and a hard bass, British Medical Journal, URL www.bmj.
    com/content/337/bmj.a2825

진화적 신호로서의 리듬:

van den Broek, Eva M. F.; Todd, Peter M. (2009), Evolution of rhythm as an indicator of
    mate quality, Musicae Scientiae, September 21, vol. 13 no. 2 supp, pp. 369 – 386.

춤꾼, 스노볼:

Patel, Aniruddh D.; Iversen, John R.; Bregman, Micah R.; Schulz, Irena (2009), Experimental
    Evidence for Synchronization to a Musical Beat in a Nonhuman Animal, Current Biology
    Vol. 19 (May 26), pp. 827 – 830.
Snowball tanzt zu den Backstreet Boys: www.youtube.com/watch?v=N7IZmRnAo6s
Snowballs Tribut an Michael Jackson: www.youtube.com/watch?v=cNAAZ5Nt6pk
Snowball in der □nimals at work"–Show: www.youtube.com/watch?v=−Xq9EP−9I−0
Snowball als Werbestar: www.youtube.com/watch?v=5pCoSwbcBNU

아프리카 음악을 좋아하는 침팬지:

Morgan E. Mingle, Timothy M. Eppley, Matthew W. Campbell, Katie Hall, Victoria Horner,
    Frans B. M. de Waal (2014), Chimpanzees Prefer African and Indian Music Over Silence,
    Journal of Experimental Psychology: Animal Learning and Cognition, 2014; DOI:
    10.1037/xan0000032

생명을 구하는 리듬:

Larsson, Matz (2011), Incidental sounds of locomotion in animal cognition, Animal Cognition,
    Vol. 15 (1); DOI: 10.1007/s10071−011−0433−2

모차르트는 간질 환자에게 유익하다:

o.V. (2001), Mozart ,can cut epilepsy‘, BBC News, URL http://news. bbc.co.uk/2/hi/
    health/1251839.stm

쥐와 모차르트와 미로:

Rauscher, F. H.; Robinson, K. D.; Jens, J. J. (1998), Improved maze learning through early
    music exposure in rats, Neurological Research Vol. 20 (July); pp. 427 – 32.

Steele, Kenneth M. (2003), Do Rats Show a Mozart Effect?, Music Perception Winter 2003, Vol. 21, No. 2, pp. 251 - 265.

Lemmer, B. (2008), Effects of Music Composed by Mozart and Ligeti on Blood Pressure and Heart Rate Circadian Rhythms in Normotensive and Hypertensive Rats, Chronobiology International, Vol. 25 (6), pp. 971 - 986.

음악이 동물에 미치는 영향

Houpt, K.; Marrow, M.; Seeliger, M. (2000) A preliminary study of the effect of music on equine behaviour, Journal of Equine Veterinary Science, Vol. 20, pp. 691 - 737.

Wells, DL.; Graham, L.; Hepper, PG. (2002), The influence of auditory stimulation on the behaviour of dogs housed in a rescue shelter, Animal Welfare, Vol. 11, pp. 385 - 393.

Videan, Elaine N. et. Al. (2007) Effects of two types and two genre of music on social behavior in captive chimpanzees (Pan troglodytes), Journal of the American Association for Laboratory Animal Science, Vol. 46, Issue 1, pp. 66 - 70.

모방하는(헷갈리게 하는?) 찌르레기:

Goodley, Simon (2001), Birds answer mobile phones, The Telegraph, URL www.telegraph. co.uk/science/science-news/4763346/Birds-answermobile-phones.html

모차르트의 찌르레기:

West, Meredith J.; King, Andrew p. (1990), Mozarts Starling, American Scientist, Vol. 78., March - April 1990, pp. 106 - 114.

조지 헨셀의 카나리아:

Miller, Greg (2003), Singing in the Brain, Science, Vol. 299 (31 January 2003), pp. 646 - 648.

쿠르트 슈비터스와 찌르레기:

Schmid, Katja (2001), Stare zwitschern Ursonate - und stellen damit das Urheberrecht in Frage, Heise.de, URL www.heise.de/tp/artikel/7/7934/1.html

원음 소나타 듣기:

www.youtube.com/watch?v=xiHFrikGUjo

강아지 우는 소리가 나오는 시무스의 수정버전:

www.youtube.com/watch?v=BdFOgLyk6Qs

4장_쇼핑 퀸의 탄생

2013 쇼핑 퀸:

o.V. (2013), Shopping Queen des Jahres: Nina aus Hamburg bekommtdie Krone, Vox Online, URL www.vox.de/medien/sendungen/guidos-shopping-queen-des-jahres/356f0-1a87b3-c0f7-12/shoppingqueen-des-jahres-nina-aus-hamburg-bekommt-die-krone.html

E4와 그의 동료들에 대한 학술 문헌:

Battalio, Raymond C.; Green, Leonard; Kagel, John H. (1981), Income-Leisure tradeoffs of Animal Workers, American Economic Review, Vol. 71, No. 4 (Sept. 1981), pp. 621-632.

Kagel, John H.; Battalio, Raymond C.; Green, Leonard (1981), Economic Choice Theory. An Experimental Analysis of Animal Behavior, Cambridge University Press, Cambridge u.a. 2007.

키스 첸의 금전관념 있는 원숭이들:

Chen, M. Keith; Lakshminarayanan, Venkat; Santos, Laurie R. (2006), How Basic Are Behavioral Biases? Evidence from Capuchin Monkey Trading Behavior, Journal of Political Economy, Vol. 114, no. 3, pp. 517-537.

5장_뭉쳐야 잘 산다

물고기를 잡는 다양한 기술:

BBC (2014), About Fishing, Human Planet Explorer; URL www.bbc.co.uk/nature/humanplanetexplorer/survival_skills/fishing

피구에이리도, 스쿠비, 카로바:

Plymouth University (o.D.), Co-operative interactions between bottlenose dolphins and fishermen in Brazil, URL https://www1.plymouth.ac.uk/research/mberc/Research/marine-vertebrates/Pages/bottlenose-dolphins.aspx

Daura-Jorge, F. G.; Cantor, M.; Ingram, S. N.; et al. (2012), The structure of a bottlenose dolphin society is coupled to a unique foraging cooperation with artisanal fishermen, Biology letters, Volume 8, Issue 5, pp. 702-705.

Douglas Rogers (2014), Brazil's sexiest secret, The daily telegraph Travel, URL www.telegraph.co.uk/travel/734723/Brazils-sexiest-secret.html

Strain, Daniel (2015), Clues to an Unusual Alliance Between Dolphins and Fishers, Science Online, URL http://news.sciencemag.org/2012/05/clues-unusual-alliance-between-dolphins-and-fishers Die Homepage von Laguna: www.laguna.sc.gov.br/

피구에이리도, 스쿠비, 카로바, 그 외 그들의 친구들에 대한 비디오:

Wrenn, Eddie (2012), Dolphins help Brazilian fisherman catch their prey, then swim off (but what's in it for them?), Daily Mail Online, URL www.dailymail.co.uk/sciencetech/article-2139619/So-long-thanksfish-Dolphins-help-Brazilian-fisherman-catch-prey-swim-whats-them.html

꿀 약탈하기:

Cerutti, Herbert (2004), Ich zeig dir, wo der Honig fliesst, NZZ Folio, URL http://folio.nzz.ch/2004/februar/ich-zeig-dir-wo-der-honig-fliesst

니모와 말미잘:

o.V. (2013), Nachtliche Fursorge: Clownfische facheln Seeanemonen Wasser zu, Spiegel Online, URL www.spiegel.de/wissenschaft/natur/symbiose-clownfische-faecheln-seeanemonen-wasser-zu-a-886054.html

동물계의 특이한 협동에 대해:

Marc Margielsky (2007), Ungewohnliche Freundschaften, Moses Verlag GmbH.

새미와 바이어스; 네가 내 등을 긁어주면, 나도 네 등을 긁어줄께:

C. Sick, A. J. Carter, H. H. Marshall, L. A. Knapp, T. Dabelsteen, G. Cowlishaw. Evidence for varying social strategies across the day in chacma baboons, Biology Letters, 2014; 10 (7).

De Waal, Frans B. M. (2005), How animals do Business, Scientific American, April 2005, pp. 73-79.

청소 물고기

Bshary, Redouan; Schaffer, D. (2002), Choosy Reef Fish Select Cleaner Fish That Provide High-Quality Service, Animal Behaviour, Vol. 63, No. 3, pp. 557-564.

다시금 청소 물고기-혼성 세차장:

Raihani, Nichola J.; Grutter, Alexandra S.; Bshary, Redouan (2010), Punishers Benefit From

Third-Party Punishment in Fish, Science, Bd. 327 (2010), pp. 171.

카네기 영웅 메달- 재단과 수상자들의 홈페이지:
http://carnegiehero.org/

직관적인 영웅들:
Rand, David; Epstein ZG (2014), Risking Your Life without a Second Thought: Intuitive Decision-Making and Extreme Altruism. PLoS ONE, 2014 DOI: 10.1371/journal. pone.0109687

구조된 까마귀 동영상:
o.V. (2014), Bademeister Petz: Bar rettet Krahe vor dem Ertrinken, Spiegel Online, URL www.spiegel.de/video/baer-rettet-kraehe-viralesvideo-aus-budapester-zoo-video-1512350.html#ref=vee

집찾는 개미들:
Doran, Carolina; Pearce, Tom; Connor, Aaron; Schlegel, Thomas; Franklin, Elizabeth; Sendova-Franks, Ana B.; Franks, Nigel R. (2013), Economic investment by ant colonies in searches for better homes, Biology Letters, October 2013, DOI: 10.1098/rsbl.2013.0685.

6장_복수와 질투, 죽음의 드라마

동물원 방문객에게 복수한 호랑이:
Silver, Alexandra (2007), Did This Tiger Hold a Grudge?, Time Magazine Online, URL http://content.time.com/time/health/article/0,8599,1698987,00.html

Youn, Soo; Standora, Leo (2007), Mother of mauled Carlos Sousa enraged that tiger got free, rips zoo's response, Daily News Online, URL www.nydailynews.com/news/world/mother-mauled-carlos-sousaenraged-tiger-free-rips-zoo-response-article-1.274615

o.V. (2008), San Francisco Zoo Tiger Attack Victim Admits Drinking, Taunting Animal, Police Say, Fox News Online, URL www.foxnews.com/story/2008/01/18/san-francisco-zoo-tiger-attack-victim-admitsdrinking-taunting-animal-police/

Fagan, Kevin (2007), Details emerge from San Francisco Zoo tiger attack, San Francisco Chronicle, URL www.chron.com/news/nationworld/article/Details-emerge-in-SF-Zoo-tiger-attack-1680992.php

매복했다가 복수한 호랑이:

Vaillant, John (2010), The Tiger: A True Story of Vengeance and Survival, Knopf Publishing Group.

Ritchie, Harry (2010), Revenge of the Russian Terminator, Daily Mail Online, URL www. dailymail.co.uk/home/books/article-1308016/Revenge-Russian-Terminator-THE-TIGER-BY-JOHN-VAILLANT.html

물고기는 아픔을 느낀다:

Stockinger, Gunther (2011), Tiere: Neuronengefluster im Endhirn, Spiegel Online, URL www.spiegel.de/spiegel/a-749108.html

가재도 두려움을 안다:

Fossat, Pascal; Bacque-Cazenave, Julien; De Deurwaerdere, Philippe; Delbecque, Jean-Paul; Cattaert, Daniel (2014), Anxiety-like behavior in crayfish is controlled by serotonin, Science 13 (June 2014), Vol. 344, no. 6189, pp. 1293-1297.

가재를 즐겨 먹는가? 그러면 다음 사이트는 보지 않는 게 좋다:

o.V. (2012), Konnen Sie einen Hummer schmerzlos toeten?, Peta Deutschland, URL www. peta.de/hummer-schmerzlos-toeten

동물도 고통을 느낀다고?:

European Food Safety Authority (2005), Aspects of the biology and welfare of animals used for experimental and other scientific purposes, AHAW Panel, Annex to the EFSA Journal (2005) 292, 1-136; URL http://ec.europa.eu/environment/chemicals/lab_animals/pdf/efsa_scientificreport.pdf

동물의 감정과 까치의 장례식에 대한 기본 문헌:

Bekoff, M. (2009), Animal emotions, wild justice and why they matter: Grieving magpies, a pissy baboon, and empathic elephants, Emotion, Space and Society, DOI:10.1016/j.emospa.2009.08.001

Panksepp, Jaak (2015), Affective consciousness: Core emotional feelings in animals and humans, Consciousness and Cognition 14/1 (2005), pp. 30-80. de Waal, Frans B.M. (2011), What is an animal emotion?, Annals of the New York Academy of Sciences 1224, pp. 191-206; DOI: 10.1111/j.1749-6632.2010.05912.x.

진화적 생존 도우미로서의 감정:

Michael Mendl, Burman, Oliver H. P.; Paul, Elizabeth S. (2010), An integrative and functional framework for the study of animal emotion and mood, Proceedings of the Royal Society B, DOI: 10.1098/rspb.2010.0303.

질투하는 원숭이:

Brosnan, Sarah F.; Schiff, Hillary C.; de Waal, Frans B. M. (2005), Tolerance for inequity may increase with social closeness in chimpanzees, Proceedings of the Royal Society B: Biological Sciences (2005), 272, pp. 253–258.

질투로 말미암은 범죄들:

o.V. (2014), Student totet Neuen seiner Ex mit 67 Messerstichen, Bild Online, URL www. bild.de/regional/berlin/eifersucht/drama-mannsticht-neuen-seiner-ex-freundin-nieder-36846252.bild.html

o.V. (2009), Amoklauf aus Eifersucht, Stern Online, URL www.stern.de/panorama/finnland-amoklauf-aus-eifersucht-1532719.html

o.V. (2014), Ehefrau uberfahrt die Neue ihres Mannes, Bild Online, URL www.bild.de/regional/leipzig/eifersucht/ehefrau-ueberfaehrt-dieneue-ihres-mannes-34443192. bild.html

질투하는 강아지들:

Harris, Christine R.; Prouvost Caroline (2014), Jealousy in Dogs, PLoS ONE, (2014). 9(7): e94597 DOI: 10.1371/journal.pone.0094597.

질투 일반에 관한 자료:

Andresh, Jasmin (2010), Eifersucht: Die dunkle Seite der Liebe, Spiegel Online, URL www. spiegel.de/gesundheit/sex/eifersucht-die-dunkleseite-der-liebe-a-844046.html

오락실에서의 원숭이들:

Rosati Alexandra G.; Hare Brian (2013); Chimpanzees and Bonobos Exhibit Emotional Responses to Decision Outcomes, PLoS ONE 8(5): e63058. DOI:10.1371/journal. pone.0063058

강아지는 불평등을 좋아하지 않는다:

Range, Friederike; Horn, Lisa; Viranyib, Zsofia; Huber, Ludwig (2009), The absence of reward induces inequity aversion in dogs, Proceedings of the National Academy of Science, January 6, 2009, Vol. 106, no. 1, pp. 340-345.

조지프 르두(Joseph Ledoux):

Ledoux, Joseph (2008), Emotionen und Gehirn: Auch Ratten haben Gefuhle, Spiegel Online, URL www.spiegel.de/wissenschaft/mensch/emotionen-und-gehirn-auch-ratten-haben-gefuehle-a-580442.html

Ledoux, Joseph (1999), The Emotional Brain: The Mysterious Underpinnings of Emotional Life, Phoenix.

7장_언어수업 시간

영리한 앵무새, 알렉스:

Pepperberg, Irene M. (2004), Talking with Alex: Logic, Scientific American, August 2004, pp. 34-38.

Pepperberg, Irene M.; Gordon, Jesse D. (2005), Number Comprehension by a Grey Parrot (Psittacus erithacus), Including a Zero-Like Concept, Journal of Comparative Psychology 2005, Vol. 119, No. 2, 197-209.

Pepperberg, Irene M.; Willner, Mark R.; Gravitz, Lauren B. (1997), Development of Piagetian Object Permanence in a Grey Parrot (Psittacus erithacus), Journal of Comparative Psychology, 1997, Vol. Ill, No. 1, pp. 63-75.

o.V. (2007), Alex the African Grey: Science's best known parrot died on September 6th, aged 31, The Economist, September 20th, 2007.

Pepperberg, Irene M. (2009), Alex & Me: How a Scientist and a Parrot Discovered a Hidden World of Animal Intelligence -and Formed a Deep Bond in the Process, Harper Perennial.

Sie wollen Irene Pepperberg unterstutzen? Das sollten Sie unbedingt tun, vielleicht uber die Alex Foundation, deren Ziel es ist, die kognitiven und kommunikativen Fahigkeiten von Papageien zu erforschen, mit dem Ziel, die Haltung von Papageien ebenso zu verbessern wie ihre Uberlebenschancen in Freiheit. Hier geht es zur Alex-Stiftung: http://alexfoundation.org/ (vergessen Sie nicht, den Geschenke-Shop zubesuchen).

위험을 경고하는 박새:

Templeton, Christopher N.; Greene, Erick; Davis, Kate (2005), Allometry of Alarm Calls: Black-Capped Chickadees Encode Information About Predator Size, Science, Vol. 308

(24th June 2005), pp. 1934-1937.

바디랭귀지가 먼저일까, 언어가 먼저일까?

Balter, Michael (2010), Animal Communication Helps Reveal Roots of Language, Science, Vol. 328 (21 May 2010), pp. 969-971.

지역 방언을 우선시하는 참새:

Miller, Greg (2003), Singing in the Brain, Science, Vol. 299 (31 January 2003), pp. 646-648.

티셔츠 색깔을 경고하는 프레리도그:

Slobodchikov, Con N.; Paseka, Andrea; Verdolin, Jennifer L. (2009), Prairie dog alarm calls encode labels about predator colors, Animal Cognition, Vol. 12, pp. 435-439.

꿀벌과 꼬리춤:

Blawat, Katrin (2010), Schwanzeltanz entzaubert, Suddeutsche Online, URL www. sueddeutsche.de/wissen/kommunikation-von-bienenschwaenzeltanz-entzaubert-1.135555

릭 오배리:

Rolff, Marten (2010), Der Delphinflusterer, Suddeutsche Online, URL www.sueddeutsche.de/panorama/ex-flipper-trainer-ric-obarry-derdelphinfluesterer-1.26913

o.V. (2009), Der Kampf des □lipper"-Vaters, Kolner Stadanzeiger Online, URL www.ksta.de/panorama/ric-o--barry-der-kampf-des---flipper--vaters,15189504,12857786.html

아케아카마이와 퓌닉스:

Herman, Louis M. (2002), Language Learning, The Dolphin Institute, URL www.dolphin-institute.org/resource_guide/animal_language.htm

Herman, L. M., Richards, D. G. & Wolz, J. P. (1984). Comprehension of sentences by bottlenosed dolphins, Cognition, 16, pp. 129-219.

교실에서의 바이에른 방언:

o.V. (2014), Sorge um den Dialekt: Bayerisch in die Klassenzimmer!, Spiegel Online, URL www.spiegel.de/schulspiegel/bayerisch-lehrer-inbayern-fordern-dialekt-in-der-schule-a-1001374.html

유치원에서의 바이에른 방언 수업:

Schnabl, Lena (2014), Bayrisch-Kurs fur Kinder: □riaß di, griaß di, Mei di mog I gean",
Spiegel Online, URL www.spiegel.de/schulspiegel/bayrisch-kurs-fuer-kinder-in-
muenchen-a-940122.html

8장_ 모여라, 동물계의 천재 스타들

210밀리초는 얼마나 길까?

o.V. (2010), Zeit im Bild: So lange dauert…, Sueddeutsche Online, URL www.sueddeutsche.
de/wissen/zeit-im-bild-so-langedauert--1.191600

BBC 방송의 아유무 동영상:

o.V. (2012), Chimp solves memory test,faster than blink of an eye, BBC Online, URL www.
bbc.co.uk/nature/16832379

아유무에 대한 학술논문:

Inoue, Sana; Matsuzawa, Tetsuro (2007), Working memory of numerals in chimpanzees,
Current Biology Vol. 17, No. 23, pp. R1004-1005.

o.V. (2013), Memory of chimpanzees is far better than human, study reveals, Daily mail
Online URL www.dailymail.co.uk/news/article-2279528/Memory-chimpanzees-far-
BETTER-human-study-reveals.html

인간은 아유무를 능가할 수 있을까?:

Cook, Peter; Wilson, Margaret (2010), Do young chimpanzees have extraordinary working
memory?, Psychonomic Bulletin & Review, Vol. 17 (4), pp. 599-600.

Silberberg Alan; Kearns, David (2009), Memory for the order of briefly presented numerals in
humans as a function of practice, Animal Cognition Vol. 12. pp. 405-407.

오랑우탄, 플라스틱 관, 땅콩:

Mendes, Natacha, Hanus, Daniel; Call, Josep (2007), Raising the level: orangutans use water
as a tool, Biology Letters, 3, pp. 453-455.

까마귀와 이솝 우화:

Bird, Christopher David; Emery, Nathan John (2009), Rooks Use Stones to Raise the Water
Level to Reach a Floating Worm, Current Biology 19 (August 25), pp. 1410-1414.

다윈 상:

Die Homepage: www.darwinawards.com/

o.V. (2014), 20 Jahre Darwin-Award: Die zehn dummsten Arten, ums Leben zu kommen, Stern Online, URL www.stern.de/wissen/mensch/darwin-award-die-zehn-duemmsten-arten-ums-leben-zukommen-2159440.html

점쟁이 파울:

o.V. (2010), Darum hat sich Krake Paul fur Spanien entschieden, Welt Online, URL www.welt.de/vermischtes/kurioses/article8366309/Darum-hat-sich-Krake-Paul-fuer-Spanien-entschieden.html

o.V. (2014),Tierische WM-Orakel: Die oden Erben von Krake Paul, Meedia.de, URL http://meedia.de/2014/07/03/tierische-wm-orakel-die-oeden-erben-von-krake-paul/

Heckmair, Manuel (2010), Paul, der 3,5-Millionen-Krake, Focus Money Online, URL www.focus.de/finanzen/news/werbung/oktopus-orakelpaul-der-3-5-millionen-krake_aid_531097.html

영리한 한스:

Beck, Hanno (2013), Plotzlich kann sogar ein Pferd rechnen, in: Winand von Petersdorf, Partick Bernau (Hrsg.): Denkfehler, die uns Geld kosten, Bastei Lubbe, Koln.

카드 분류능력이 있는 논리적인 까마귀들:

Smirnova, Anna; Zorina, Zoya; Obozova, Tanya; Wasserman, Edward(2015), Crows Spontaneously Exhibit Analogical Reasoning, Vol. 25, Issue 2, 19 January 2015, pp. 256-260.

얼굴을 분간하는 까마귀들:

Nijhuis; Michelle (2008), Friend or Foe? Crows Never Forget a Face, It Seems, New York Times Online URL www.nytimes.com/2008/08/26/science/26crow.html?_r=0

도구를 사용하는 까마귀들:

Hunt, G.R. (1996), Manufacture and use of hook-tools by New Caledonian crows, Nature Vol. 379, pp. 249-251.

Hunt, G.R. (2000), Human-like, population-level specialization in the manufacture of pandanus tools by New Caledonian crows Corvus moneduloides, Proceedings of the Royal Society of London B 267, pp. 403-413.

Ein Video dazu: https://www.youtube.com/watch?v=xwVhrrDvwPM

Die Homepage der Behavioral Ecology Research Group: http://users.ox.ac.uk/~kgroup/tools/introduction.shtml

o.V. (2007), A murder of crows, The Globe and Mail Online, URL www.theglobeandmail.com/life/a-murder-of-crows/article1091590/

까마귀들이 자동차를 호두까기로 사용한다고?

Cristol, Daniel A.; Switzer, Paul V.; Johnson, Kara L.; Walke, Lea S.(1997), Crows do not use Automobiles as nutcracker, Putting an anecdote to the test, The Auk, Ornithological Advances, Vol.114, No. 2, pp. 296-298.

Ein Video mit Krahe und Auto: https://www.youtube.com/watch?v=NenEdSuL7QU

Ein Video mit Krahe, Nuss und Ampel: https://www.youtube.com/watch?v=_5_DuZ8WuMM

기억술사 리코와 '베텐 다스(Wetten, dass ...)?':

Alles uber □Wetten, dass ...?" finden Sie hier: o.V. (o.D.), Wetten, dass ...?, ZDF.de, URL www.zdf.de/wetten-dass../wetten-dass..-5991664.html

Die Kotproben: Mielke, Ralf (2015), □a wachst schon was raus", Berliner Zeitung Online, URL www.berliner-zeitung.de/archiv/wie--wetten--dass-------der-dschungelshow-mit-einer-ekligen-wette-denrang-ablaufen-wollte--da-waechst-schon-was-raus-,10810590,10615842.html

Labrador □ucky": https://www.youtube.com/watch?v=bEtgJjxN044

Mit einem Glas Wasser auf der Schnauze die Treppe rauf und runter?

Klar, schauen Sie hier: https://www.youtube.com/watch?v=kuTLO9gTFeQ

Einen Auftritt von Rico bei □etten, dass ...?" finden Sie hier:https://www.youtube.com/watch?v=L1ybwg1nQeo

학문적 시각에서 본 리코, 베치, 체이서:

Kaminski, Juliane; Call, Josep; Fischer, Julia (2004), Word Learning in a Domestic Dog: Evidence for □ast Mapping", Science 304, 1682), pp. 1682-1683

Trojan, Maciej (2013), A bark worth a thousand words?, Academia: The Magazine of the polish Academy of Sciences, Tom 38 Nr 2, pp. 16-18.

화난 얼굴과 유쾌한 얼굴을 분간하는 강아지들:

Muller, Corsin A.; Schmitt, Kira; Barber, Anjuli L.A.; Huber, Ludwig (2015), Dogs Can Discriminate Emotional Expressions of Human Faces, Current Biology, Vol. 25, Issue 5, pp. 601–605.

강아지, 원숭이, 그리고 마음의 이론(Theory of the Mind):

Fenzel, Birgit (2009), Der Hund denkt mit, Max Planck Forschung 4/09, S. 18–25.

우윳병을 여는 곤줄박이들:

Hinde, R.A.; Fisher, James (1951), Further observations on the opening of milk bottles by birds, British Birds, Vol. XLIV, No. 12, pp. 393–396.

논리적으로 생각하는 암컷 바다사자:

Schusterman, Ronald J.; Kastak, David (1998), Functional equivalence in a California sea lion: relevance to animal social and communicative interactions, Animal Behavior, Vol. 55, pp. 1087–1095.

영리한 돼지들:

Mendl, Michael; Held, Suzanne; Byrne, Richard W. (2010), Pig cognition, Current Biology Vol 20, No 18, pp. R796–798.

코끼리와 들통 뚜껑:

Nissani, Moti (2006), Do Asian Elephants (Elephas maximus) Apply Causal Reasoning to Tool-Use Tasks?, Journal of Experimental Psychology: Animal Behavior Processes, Volume 32(1), January 2006, pp. 91–96.

금고털이 피핀:

Alice Auersperg, Alex Kacelnik, Auguste von Bayern (2013), Explorative Learning and Functional Inferences on a Five-Step Means-Means-End Problem in Goffin's Cockatoos (Cacatua goffini), Plos One, DOI: 10.1371/journal.pone.0068979

o.V. (2013), Tierische Tresor-Knacker: Kakadus beweisen technische Intelligenz beim Offnen von Schlossern, Universitat Wien, URL http://medienportal.univie.ac.at/presse/aktuelle-pressemeldungen/detailansicht/artikel/tierische-tresor-knacker-kakadus-beweisentechnische-intelligenz-beim-oeffnen-von-schloessern/

9장_훔치고, 배신하고, 패거리로 싸움박질

뻐꾸기에 대한 모든 것:

Naturschutzbund Deutschland (2008), Der Kuckuck: Vogel des Jahres 2008, URL https://
www.nabu.de/tiere-und-pflanzen/aktionen-undprojekte/vogel-des-jahres/2008-
kuckuck/07193.html

대리모를 헷갈리게 하는 뻐꾸기 부모:

Stevens, Martin; Troscianko, Jolyon; Spottiswoode, Claire N. (2013), Repeated targeting of the
same hosts by a brood parasite compromises host egg rejection, Nature Communications
4, DOI: 10.1038/ncomms347

뻐꾸기 알을 분별하기 위한 패스워드:

Diane Colombelli-Negrel; Mark E. Hauber; Jeremy Robertson; Frank J. Sulloway; Herbert
Hoi; Matteo Griggio; Sonia Kleindorfer (2012), Embryonic Learning of Vocal Passwords
in Superb Fairy-Wrens Reveals Intruder Cuckoo Nestlings, Current Biology, Volume 22,
Issue 22(November 20), pp. 2155-2160.

마피아 새:

Hoover, Jeffrey P.; Robinson, Scott K. (2007), Retaliatory mafia behavior by a parasitic
cowbird favors host acceptance of parasitic eggs, Proceedings of the National Academy
of Sciences of the United States of America, March 13, vol. 104, no. 11, pp. 4479-448.

인간 뻐꾸기 아이:

Anderson, Kermyt G. (2006), How Well Does Paternity Confidence Match Actual Paternity?
Evidence from Worldwide Nonpaternity Rates, Current Anthropology, Volume 47,
Number 3, June 2006, pp. 513-520.

가게털이, 쌤:

o.V. (2007), Seagull becomes crisp shop lifter, BBC News, URL http://news.bbc.co.uk/2/
hi/uk_news/scotland/north_east/6907994.stm Hier wird Sam uberfuhrt: www.youtube.
com/watch?v=Kqy9hxhUxK0

갱단 두목, 프레드:

o.V. (2009), Baboon gangs in S. Africa get more aggressive, NBC News Online, URL www.

nbcnews.com/id/34129753/ns/world_news-world_environment/t/baboon-gangs-s-africa-get-more-aggressive/Watson, Leon (2012), No wonder he was a bit wild! X-rays show, mobster' baboon who terrorised a city had been shot more than 50times, Daily Mail Online, URL www.dailymail.co.uk/news/article-2084530/X-rays-mobster-baboon-terrorised-city-shot-50-times.html
Ein Video uber die Affenplage in Cape Town: https://www.youtube.com/watch?v=cph0D7Vdjp4

비누와 빨래와 배를 훔치는 프린세스:

Schroder, Eggert (o.D.), Der Hammer-Affe, Hamburger Abendblatt, URL www.abendblatt.de/vermischtes/article107479631/Der-Hammer-Affe.html
o.V. (2002), The Brainforest; Exclusive: Princess the smart orang-utan wows Sir David, The free library, URL www.thefreelibrary.com/THE+BRAINFOREST%3B+EXCLUSIVE%3A+Princess+the+smart+orang-utan+wows+Sir...-a095397070
Ein Video mit Princess: https://www.youtube.com/watch?v=IFACrIx5SZ0

참전 동물들:

Das Denkmal fur die Tiere, die keine Wahl hatten, und Orden fur Kriegshelden: The Animals in war memorial, URL www.animalsinwar.org.uk/

참전 동물들 사진:

Taylor, Alan (2014), World War I in Photos: Animals at War, The Atlantic Online, URL www.theatlantic.com/static/infocus/wwi/wwianimals/

응고고 전사들:

Mitani, John C.; Watts, David P.; Amsler, Sylvia J. (2010), Lethal intergroup aggression leads to territorial expansion in wild chimpanzees, Current Biology, Vol. 20, No 12, pp. R507-508.

개미들의 전쟁:

Moffett, Mark W. (2011), Ants & the Art of War, Scientific American 305, November 2011, pp. 84-89 (2011), DOI:10.1038/scientificamerican1211-84
Moffett, Mark W. (2011), Adventures Among Ants: A Global Safari with a Cast of Trillions, University of California Press, Berkeley and LosAngeles.

매력이 상실된 직업, 매춘:

o.V. (2014), The economics of prostitution: Sex, lies and statistics, The Economist Online, URL www.economist.com/news/unitedstates/21599351−laying−bare−supply−and− demand−oldest−profession−sexlies−and−statistics?zid=319&ah=17af09b0281b01505c22 6b1e574f5cc1

키스 첸과 원숭이들의 매춘:

Dubner, Stephen J.; Levitt, Steven D. (2005), Monkey Business. Keith Chen's Monkey Research, New York Times Magazine Online, URL www.nytimes.com/2005/06/05/ magazine/05FREAK.html?_r=1&

야생에서의 원숭이 매춘:

Gomes, Cristina M.; Boesch, Christophe (2009), Wild Chimpanzees Exchange Meat for Sex on a Long−Term Basis, PLoS ONE 4(4): e5116. DOI:10.1371/journal.pone.0005116

펭귄들의 매춘:

Hunter, F. M.; Davis, L. S. (1998), Female Adelie Penguins Acquire Nest Material from Extrapair Males after Engaging in Extrapair Copulations, The Auk 115(2), pp. 526−528.

포르노 사진에 대가를 지불하는 원숭이들:

Deaner, Robert O.; Khera, Amit V.; Platt, Michael L. (2005), Monkeys Pay Per View: Adaptive Valuation of Social Images by Rhesus Macaques, Current Biology, Vol. 15, 543−48, March 29, pp. 543 −548; DOI 10.1016/j.cub.2005.01.044

Hopkin, Michael (2005), Monkeys pay for sexy pics, Nature Online, URL www.nature.com/ news/2005/050201/full/news050131−5.html

흡연하는 침팬지들:

Oliver, Amy (2012), Aping human behaviour: Chimp turns into chain−smoking, beer− swilling chump at zoo; Daily Mail Online, URL www.dailymail.co.uk/news/ article−2167692/Chimp−turns−chainsmoking−beer−swilling−chump−zoo.html

금연에 돌입한 토리:

o.V. (2012), Smoking orangutan moved to island rehab, BBC Online, URL www.bbc.com/ news/world−asia−19009053

혈기왕성하고, 날아다니는 순록:

Harris, Richard (2010), Did ,hrooms Send Santa And His Reindeer Flying?, National Public Radio, URL www.npr.org/2010/12/24/132260025/did-shrooms-send-santa-and-his-reindeer-flying?sc=fb&cc=fp

동물계의 마약:

Haynes, Andrew (2010), The animal world has its junkies too, The Pharmaceutical Journal, Vol. 285, Dec. 2010, p. 723, URL www.pharmaceutical-journal.com/opinion/comment/the-animal-world-hasits-junkies-too/11052360.article

o.V. (2009), Stoned wallabies make crop circles, BBC Online, URL http://news.bbc.co.uk/2/hi/asia-pacific/8118257.stm

Goldman, Jason G. (2014), Do animals like drugs and alcohol?, BBC Online, URL www.bbc.com/future/story/ 20140528-do-animalstake-drugs?utm_source=rss&utm_medium=rss&utm_campaign=do-animals-like-drugs-and-alcohol

환각제를 이용하는 원숭이들:

Gould, Robert Warren, et al. (2008), Effects of an acute social stressor on brain glucose utilization and cocaine self-administration in socially housed monkeys, The FASEB Journal; Vol. 22, pp. 713-717.

인기 없는 투자은행가들:

o.V. (2008), Deutschland: Investmentbanker fast so unbeliebt wie Kriminelle, Welt Online, URL www.welt.de/welt_print/article2715268/Welt.html

o.V. (2008), Umfrage: Investmentbanker so unbeliebt wie Kriminelle, Focus Online, URL www.focus.de/panorama/welt/umfrageinvestmentbanker-so-unbeliebt-wie-kriminelle_aid_348009.html

선물 딜러 쥐들:

Die Homepages von Michael Marcovici finden Sie hier: Rat-Traders, URL www.rattraders.com/Home und www.artmarcovici.com/

Etwas Grundsatzliches zu der Frage, warum Menschen Muster an Finanzmarkten sehen und ob sie damit auch Geld verdienen konnen: Beck, Hanno (2012), Geld denkt nicht. Wie wir in Gelddingen einen klaren Kopf behalten, Hanser Verlag, Munchen.

주식 전문가 동물들:

Kramer, Walter (2012), Die Affen sind die besten Anleger, Faz.net, URL www.faz.net/aktuell/
finanzen/meine-finanzen/denkfehler-die-uns-geldkosten/denkfehler-die-uns-geld-
kosten-9-die-affen-sind-die-bestenanleger-11711132.html

Bosartige Tiere, die betrugen, vergewaltigen und Kinder toten (wenn Sie Tiere mogen, lassen
Sie die Finger von diesem Buch): Lombardi, Linda (2011), Animals behaving badly.
Boozing Bees, cheating chimps, Dogs with guns and other beastly true tales, Perigee
Books, New York.

피라냐 전략:

Connif, Richard (2014), Shocking Truth About Piranhas Revealed!, New York Times Online,
URl www.nytimes.com/2014/01/04/opinion/sunday/piranhas-a-true-fish-story.
html?_r=0

물고기계의 개자식들, 카라신과의 담수어:

Goulart, Vinicius D.L. R.; Young, Robert J. (2013), Selfish behaviour as an antipredator
response in schooling fish?, Animal Behaviour, Volume 86, August 2013, pp. 443-450.

햄본 상 노미네이트 및 수상자 명단:

Hambone Award, URL http://vpihamboneaward.com/

불쌍한 카카포:

Elliott, G.P. (2013), Kakapo, in: Miskelly, C.M. (ed.): New Zealand Birds Online. www.
nzbirdsonline.org.nz, URL http://nzbirdsonline.org.nz/species/kakapo

10장_하나의 행성을 공유하며

파블로 에스코바르- 미국의 감방보다는 콜롬비아의 무덤이 낫다:

Ehringfeld, Klaus (2013), Der Schneekonig, Spiegel Online, URL www.spiegel.de/einestages/
kolumbiens-drogenmilliardaer-pablo-escobar-derschneekoenig-a-951320.html

파블로의 하마:

Dingeldey, Philip (2014), Die Nilpferd-Horde des Drogenbarons, Faz.net, URL www.faz.
net/aktuell/gesellschaft/nilpferdplage-nach-tod-vondrogenboss-escobar-13014318.
html

Kremer, William (2014), Pablo Escobar's hippos: A growing problem, BBC News Online, URL www.bbc.com/news/magazine-27905743

Romero, Simon (2014), Colombia Confronts Drug Lord's Legacy: Hippos, New York Times Online, URL www.nytimes.com/2009/09/11/world/americas/11hippo.html?_r=0

배를 공격하는 하마의 모습:

o.V. (2015), Hippo Chases Behind Speed Boat in Frightening Moment, ABC News, URL https://www.youtube.com/watch?v=jmlM_ybv1og

괴렁의 굶주린 발톱과 기타 유입된 동물들:

Melzer, Chris (2009), Was der Waschbar mit den Nazis zu tun hat, WeltOnline, URL www.welt.de/wissenschaft/tierwelt/article3532915/Was-der-Waschbaer-mit-den-Nazis-zu-tun-hat.html

o.V. (2012), Folge der Globalisierung: Viele Tiere wandern ein, Focus Online, URL www.focus.de/panorama/welt/umwelt-folge-derglobalisierung-viele-tiere-wandern-ein_aid_878525.html

에버글레이즈의 비단구렁이:

Dorcasa, Michael E. et al. (2012), Severe mammal declines coincide with proliferation of invasive Burmese pythons in Everglades National Park, Proceedings of the National Academy of Science, Vol. 109, No. 7, pp. 2418-2422.

수수두꺼비:

o.V. (2007), Ekel-Amphibie: Ganz Australien hasst die Monsterkrote, Spiegel Online, URL www.spiegel.de/wissenschaft/natur/ekel-amphibieganz-australien-hasst-die-monsterkroete-a-474103.html

Northern Territoy Government, Parks and Wildlife Commission (o.D.), Major Pests - Cane Toads, URL www.parksandwildlife.nt.gov.au/wildlife/canetoads

Stocker, Christian (2005), Australischer Krotenkrieg: Tod im Discolicht, Spiegel Online, URL www.spiegel.de/wissenschaft/natur/australischerkroetenkrieg-tod-im-discolicht-a-373444.html

두꺼비 퇴치의 날(두꺼비 박멸의 날):

Duncan, Jamie (2009), Thousands killed in Toad Day Out, Brisbane Times Online, URl www.brisbanetimes.com.au/queensland/thousandskilled-in-toad-day-out-20090329-9fu0.

html

호주의 낙타:

o.V. (2008), Forscher-Empfehlung: Rettet Australien – esst mehr Kamele!, Spiegel Online, URL www.spiegel.de/wissenschaft/natur/forscher-empfehlung-rettet-australien-esst-mehr-kamele-a-595380.html

호주 대륙에 희망을 주는 개미들:

Ward-Fear, Georgia; Brown, Gregory P.; Greenlees, Matthew J.; Shine, Richard (2009), Maladaptive traits in invasive species: in Australia, cane toads are more vulnerable to predatory ants than are native frogs, Functional Ecology, Vol. 23, pp. 559 – 568.

메뚜기의 멋진 전략:

Lampe, Ulrike; Schmoll, Tim; Franzke, Alexandra; Reinhold, Klaus (2012), Staying tuned: grasshoppers from noisy roadside habitats produce courtship signals with elevated frequency components, Functional Ecology, Vol. 26, pp. 1348 – 1354.

샌프란시스코의 노래하는 참새들:

Luther, David A.; Derryberry, Elizabeth P. (2012), Birdsongs keep pace with city life: changes in song over time in an urban songbird affects communication, Animal Behaviour, Vol. 83, pp. 1059 – 1066.

점심 도시락을 훔치고, 쓰레기 더미를 뒤지는 곰들:

Hanlon, Tegan (2014), Black bear, cubs steal children's lunchboxes at APU, Alaska Dispatch News, URL www.adn.com/article/20140617/black-bear-cubs-steal-childrens-lunchboxes-apu?sp=

Goodman, William (2013), Bear steals restaurant's dumpster twice in a row, CBS News URL www.cbsnews.com/news/bear-steals-restaurantsdumpster-twice-in-a-row/

뉴욕의 다람쥐들:

Bateman, P. W.; Fleming, P. A. (2014), Does human pedestrian behaviour influence risk assessment in a successful mammal urban adapter?, Journal of Zoology, Volume 294, Issue 2, pp. 93 – 98.

베를린의 멧돼지들:

o.V. (2015), Wildschweine in Berlin: Was treibt die Saue in die Stadt?, Spiegel Online, URL www.spiegel.de/wissenschaft/natur/wildschweinein-berlin-was-treibt-die-saeue-in-die-stadt-a-1017437.html

바위담비와 자동차:

Lachat, Nicole (1991), Stone martens and cars: a beginning war?, Mustelid & Viverrid Conservation, No. 5., October, pp. 4-6

쥐와 질병:

Himsworth, Chelsea G., Parsons, Kirbee L.; Jardine, Claire; Patrick, David M. (2013), Rats, Cities, People, and Pathogens: A Systematic Review and Narrative Synthesis of Literature Regarding the Ecology of Rat-Associated Zoonoses in Urban Centers, Vector-Borne and Zoonotic Diseases, Volume 13, Number X, pp. 1-11.

퓨마, 코요테, 여우, 뱀, 그리고 기타 도시의 동물들:

Chadwick, Douglas (2013), Pumas erobern in aller Stille Hollywood, Welt Online, URL www.welt.de/wissenschaft/umwelt/article122152137/Pumas-erobern-in-aller-Stille-Hollywood.html

Kovacik, Robert (2014), Human-Coyote Encounters Becoming Common in Urban Jungle, NBC Southern California, URL www.nbclosangeles.com/news/local/Humans-Coyotes-Urban-Jungle-258406121.html

Soumya, Elizabeth (2014), The leopards of Mumbai: life and death among the city's ‚iving ghosts', The Guardian Online, URL www.theguardian.com/cities/2014/nov/26/leopards-mumbai-life-deathliving-ghosts-sgnp

Chawkins, Steve (2012), Kit foxes make themselves at home within Bakersfield city limits, LA Times Online, URL http://articles.latimes.com/2012/feb/19/local/la-me-kit-fox-20120220

Donovan, Tristan (2015), Feral Cities: Adventures with Animals in the Urban Jungle, Chicago Review Press.

철학자 브레닌:

Rowlands, Mark (2009), Der Philosoph und der Wolf. Was ein wildes Tier uns lehrt, Rogner & Bernhard, vierte Auflage.

Wolf, Martin (2009), Moral im Pelz, Der Spiegel, Heft 15/2009, S. 133.

Cieciersk, Tadeusz (2012), Of wolves and Philosophers, Interview with Mark Rowlands, Avant, Volume III, Number 1, pp. 124-132.

기적의 강아지 보비와 집에 돌아온 고양이:
Steiger, Brad; Steiger, Sherry Hansen (2009), Real Miracles, Divine Intervention, and Feats of Incredible Survival, Visible Ink Press.

기적의 강아지 보비:
Brazier, G. F. (o.D.), Bobbie - The Wonder Dog Of Oregon, City of Silverton, URL www. silvertonor.com/murals/bobbie/bobbie_wonder_dog2.htm

윌리와 휠체어:
Wheely Willie & Friends, URL www.wheelywilly.com/Turner, Deborah; Mohler, Diana (1998), How Willy got his Wheels, Bowtie Press.
o.V. (2004), US chihuahua wows Japanese crowds, BBC News Online, URL http://news.bbc. co.uk/2/hi/asia-pacific/3859967.stm

엔달:
Mouland, Bill (2009), Disabled officer bids farewell to remarkable Labrador who saved his marriage and his life, Dailymail Online, URL www.dailymail.co.uk/news/ article-1161903/Disabled-officer-bidsfarewell-remarkable-labrador-saved-marriage-life.html

세상에서 가장 충성스러운 강아지, 하치코:
von Lupke, Marc (2015), Treuer Hund Hachiko: Erst geschlagen, dann vergottert, Spiegel Online, URL www.spiegel.de/einestages/hachiko-dertreueste-hund-der-welt-a-1021517.html

동물들을 위한 기념비:
Balto: Central Park (o.D.), Balto, URL www.centralpark.com/guide/attractions/balto.html
Laika: Christoph Gunkel (2012), Hunde-Kosmonauten: Wauwau im Weltall, Spiegel Online; URL www.spiegel.de/einestages/hundekosmonauten-a-947511.html
Das Mopsdenkmal: Region Stuttgart (o.D.), Mopsdenkmal Winnenden, URL www.stuttgart-tourist.de/a-mopsdenkmal-winnenden
Trim, die Schiffskatze: Monument Australia (o.D.), Trim, URL http://monumentaustralia.org.

au/themes/culture/animals/display/23316-trim/photo/4

John Henry: Ryder, Erin (2008), John Henry Memorial Statue Unveiled, The Horse Online, URL www.thehorse.com/articles/22108/john-henry-memorial-statue-unveiled

Sir Nils Olav: o.V. (2008), Military penguin becomes a ‚Sir', BBC News Online, URL http://news.bbc.co.uk/2/hi/uk_news/scotland/edinburgh_and_east/7562773.stm

Die australische Polizei: Monument Australia (o.D.), Queensland Police Service Animal Memorial, URL http://monumentaustralia.org.au/themes/culture/animals/display/104203-queensland-police-serviceanimal-memorial

Die Kaktusmotte: Australian Government, Department of Environment (2000), Protecting Heritage Places: Boonarga Cactoblastis Memorial Hall, Queensland, URL www.environment.gov.au/node/19384

Der Baumwollkapselwurm: City of Enterprise, Alabama (o.D.), History of Enterprise, URL www.enterpriseal.gov/#!history-of-enterprise/c6gw

나오며_인간이 된 동물, 그리고 다시 법정에 선 그들

풀려난 산드라:

o.V. (2014), Court in Argentina grants basic rights to orang-utan, BBC News Online, URL www.bbc.com/news/world-latin-america-305715

비인간 인격체 토미

o.V. (2014), US chimpanzee Tommy,has no human rights' -court, BBC News Online, URL www.bbc.com/news/world-us-canada-30338231

Kelly, John (2014), The battle to make Tommy the chimp a person, BBC News Online, URL www.bbc.com/news/magazine-29542829

제임스 서머셋의 경우:

Cotter, William R. (1994), The Somerset Case and the Abolition of Slavery in England, History, Volume 79, Issue 255, pp. 31-36.

던컨 맥더걸:

Drosser, Christoph (2004), Das Gewicht der Seele, Zeit Online, URL www.zeit.de/2004/11/Stimmts_21_Gramm

거울 속의 침팬지들:

Povinelli, Daniel J.; Rulf, Alyssa B.; Landau, Keli R.; Bierschwale, Donna T. (1993), Self-recognition in chimpanzees (Pan troglodytes): distribution, ontogeny, and patterns of emergence, Journal ofComparative Psychology, Vol. 107, pp. 347 - 372.

거울 속의 오랑우탄들:

Suarez, Susan D., Gallup, Gordon G., Jr. (1981), Self-recognition in chimpanzees and orangutans, but not gorillas, Journal of Human Evolution, Vol. 10, pp. 175 - 188.

거울 속의 돌고래들:

Reiss, Diana; Marino, Lori (2001), Mirror self-recognition in the bottlenose dolphin: A case of cognitive convergence, Proceedings of the National Academy of Science, May 8, 2001, Vol. 98, No. 10, pp. 5937 - 5942.

거울 속의 코끼리들:

Plotnik, Joshua M.; de Waal, Frans B. M.; Reiss, Diana (2006), Self-recognition in an Asian elephant, Proceedings of the National Academy of Science, November 7, 2006, Vol. 103, No. 45, pp. 1703 - 1705.

거울 속의 레서스 원숭이들:

Rajala Abigail Z.; Reininger; Katherine R.; Lancaster; Kimberly M.; Populin, Luis C. (2010), Rhesus Monkeys (Macacamulatta) Do Recognize Themselves in the Mirror: Implications for the Evolution of Self-Recognition, PLoS ONE 5(9): e12865. DOI:10.1371/journal.pone.0012865

빅 파이브:

Lang, Frieder R.; Ludtke, Oliver (2005), Der Big Five-Ansatz der Personlichkeitsforschung: Instrumente und Vorgehen, in S. Schumann(Hrsg.): Personlichkeit: Eine vergessene Große der empirischen Sozialforschung, Wiesbaden: VS Verlag fur Sozialwissenschaften, S. 29 - 39.

개성을 가진 동물들:

Gosling, Samuel D.; John, Oliver P. (1999), Personality Dimensions in Nonhuman Animals: A Cross-Species Review, Current Directions in Psychological Science, Vol. 8, No. 3, pp. 69 - 75.

강아지들은 낙관론자:

Starling Melissa J.; Branson Nicholas; Cody Denis; Starling Timothy R.; McGreevy Paul D. (2014), Canine Sense and Sensibility: Tipping Points and Response Latency Variability as an Optimism Index in a Canine Judgement Bias Assessment, PLoS ONE Vol. 9, Issue 9; e107794. DOI:10.1371/journal.pone.0107794

내성적인 송어들:

Adriaenssens, Bart; Johnsson, Joergen I. (2010), Shy trout grow faster: exploring links between personality and fitness-related traits in the wild, Behavioral Ecology, Vol. 22, Issue 1, pp. 135 -143; DOI:10.1093/beheco/arq185

옮긴이 **유영미**

연세대학교 독문과와 동대학원을 졸업한 뒤 전문 번역가로 활동하고 있다. 옮긴 책으로 《안녕히 주무셨어요?》《왜 세계의 절반은 굶주리는가》《감정 사용 설명서》《인간은 유전자를 어떻게 조종할 수 있을까》《여자와 책》《나는 왜 나를 사랑하지 못할까》 등이 있다. 2001년 《스파게티에서 발견한 수학의 세계》로 과학기술부 인증 우수과학도서 번역상을 수상했다.

삶이라는 동물원

첫판 1쇄 펴낸날 2017년 10월 25일

지은이 | 하노 벡
옮긴이 | 유영미
펴낸이 | 지평님
본문 조판 | 성인기획 (010)2569-9616
종이 공급 | 화인페이퍼 (02)338-2074
인쇄 | 중앙P&L (031)904-3600
후가공 | 이지&비 (031)932-8755
제본 | 서정바인텍 (031)942-6006

펴낸곳 | 황소자리 출판사
출판등록 | 2003년 7월 4일 제2003-123호
주소 | 서울시 영등포구 양평로 21길 26 선유도역 1차 IS비즈타워 706호 (150-105)
대표전화 | (02)720-7542 팩시밀리 | (02)723-5467
E-mail | candide1968@hanmail.net

ⓒ 황소자리, 2017

ISBN 979-11-85093-61-1 03120

* 이 도서의 국립중앙도서관 출판시도서목록(CIP)은 서지정보유통지원시스템 홈페이지(http://seoji.nl.go.kr)와 국가자료공동목록시스템(http://www.nl.go.kr/kolisnet)에서 이용하실 수 있습니다.(CIP제어번호: CIP2017025624)
* 잘못된 책은 구입처에서 바꾸어드립니다.

"한국출판문화산업진흥원의 출판콘텐츠 창작자금을 지원받아 제작되었습니다."